Alain Jacques
2970, rue Paradis
Montréal QC
H1Y 1C3

Acta Fabula
Collection théâtre francophone

Réservée avant tout au théâtre francophone du Québec et du Canada, la collection Acta Fabula accueillera les pièces de qualité — déjà jouées ou non, pour adultes ou pour jeune public — d'auteurs confirmés, de nouveaux auteurs et de jeunes dramaturges de talent.

Acta Fabula n'écartera *a priori* aucun genre théâtral particulier, mais privilégiera les expériences exploratrices et les recherches ou les écritures à la fois fortes, originales, novatrices et prometteuses.

Les essais et les manuels de théâtre, qu'ils soient pratiques ou théoriques, y trouveront également une place de choix.

Occasionnellement, nos lecteurs découvriront dans la collection Acta Fabula les traductions de pièces d'auteurs canadiens-anglais.

Seize et (trois fois sept) font seize

j'en ai assez merci

suivi de

L'Entrevue

ŒUVRES DE FRANÇOIS-ÉTIENNE PARÉ

38 U (Collectif, Dramaturges Éditeurs, 1996)
Les Maudites Manches courtes
(Éditions Élæis, 1999)

François-Étienne Paré

Seize et (trois fois sept) font seize j'en ai assez merci

suivi de

L'Entrevue

Pièces en un acte

COLLECTION
ACTA FABULA

ÉDITIONS ÉLÆIS
Montréal, 1999

Paucus sed bonus, bellus utilisque.

© ÉDITIONS ÉLÆIS, 1999
Eric-Henri B. Tandundu, éditeur
C.P. 156, succursale M
Montréal (Québec) Canada H1V 3L8
Téléphone : (514) 899-5129 / 899-5359
Télécopieur : (514) 899-5359
Adresse électronique : elaeis@sympatico.ca

———————————

Correction d'épreuves : Francyne Ménard, E. Bisikisi,
Marilaine Bolduc-Jacob
Mise en pages : Marilaine Bolduc-Jacob
Conception graphique : Trait d'union
Photographie de l'auteur : Eve-Line Montagne
Conception du logo : Charles-Antoine Montpetit
Impression : Marc Veilleux Imprimeur inc.

———————————

ISBN 2-922424-12-X
Dépôt légal : 3e trimestre 1999
Bibliothèque nationale du Québec
Bibliothèque nationale du Canada
Imprimé au Canada

Seize et (trois fois sept) font seize

j'en ai assez merci

PERSONNAGES

Edgie Brown

37 ans. Jeune professeur branché. Look très in. Décor soigné. Il est beau et doué.

Edgie-agneau

Edgie Brown à 16 ans, mais vu à travers ses yeux de 37 ans.

ACTE UNIQUE

Scène première

EDGIE

Je suis plutôt heureux que vous soyez là.
Mon téléviseur arrivait même plus à me rassurer tellement je
me faisais du mauvais sang.
Et d'ordinaire, je trouve que les téléviseurs sont assez rassurants.
C'est pour dire...
C'est vrai ça.
Je trouve les téléviseurs très apaisants.
Même quand ils sont éteints !
Ils sont des lacs.
On s'assoit devant et on les regarde.
Et c'est tout.
Et il y a tout un monde... qu'on sait pas... qui est peut-être là...
qu'on peut pas savoir... Mais qui fait probablement des
siennes... hein ?
Je suis heureux, vraiment, que vous soyez là.

Donc, je m'appelle Brown.
Edgie Brown, premier du nom.
Jeune, certains m'appelaient beige ou pire, mais...
Brown.
C'est ça.
J'ai trente-sept ans, mais en fait, j'en ai seize depuis trois fois
sept ans.
Vingt et un ans, donc.

Seize ans depuis vingt et un ans.
En fait, j'ai eu seize ans et chaque année, seize ans encore,
comme ça pendant vingt et une années.
Je vous expliquerai.

Et j'ai le défaut de ma qualité.
Et c'est ça qui compte.
J'ai le mal de mon bien.
Et cette chose est immense !
C'est une montagne.

Voilà.
Je ne ferai pas de conférence.
Je ne ferai pas de discours.
Restez si vous voulez.
Ça ne m'est pas égal, mais quand même.
Je ne ferai pas de conférence.
Si je fais des blagues, c'est pas exprès.
Je ne ferai pas de strip-tease, non plus.
Et ne vous allumerai probablement pas.
Si ça arrive, c'est pas exprès.
Entendons-nous tout de suite, je ne veux pas de votre aide.
Vous n'aurez pas à me dire : « On t'aime, Edgie. »
Je ne m'en remettrai pas à Dieu, ni à vous, ni à personne, ni à
rien.
Aucun mouvement en ce sens-là n'a été prévu, en tout cas !

J'ai seize ans depuis vingt et un ans et j'en ai assez.
Je veux...
J'ai besoin de...
Je vais vous raconter une histoire.
C'est la mienne.
Mais vous pourrez la garder.

Ce que je veux, c'est être un lac.
Et laver quelques regrets.
Je veux enfin avoir dix-sept ans.
C'est ça.

Mais avoir dix-sept ans, tout seul, ça n'existe que difficilement.
Avoir dix-sept ans, tout seul, c'est parler tout seul, manger tout
seul.
Un âge, tout seul, ne sert à rien !
Moi, je veux d'un âge qui serve.
Dix-sept ans !
Et on fera une fête.
Hein ?

Et je peux aussi vous présenter ma collection.
On s'intéresse à ça, des collections.
J'ai une collection, moi.
J'ai une collection.
Une collection de pochettes, que j'ai.
De disques.
Des pochettes de disques.
Oui.
Pas des disques.
Des pochettes de disques.
Les disques, je ne les collectionne pas.
Je préfère les pochettes.
De toute façon, *si j'utilise [un disque] afin de [l'écouter], il est une
médiation pratique, [n'est-ce pas ?] ce n'est pas un objet, mais un
[disque].*
*C'est toujours l'objet abstrait de sa fonction et devenu relatif au
sujet[1].*
Voilà ce qui intéresse un collectionneur !
Alors moi, je ne collectionne pas les disques, mais bien les
pochettes de disques.

D'ailleurs, je suis fier de vous annoncer que ma collection est
maintenant complète.
J'ai toutes les pochettes de disques : de disques studio, de
compilations, de coffrets, de disques pirates...
Toutes !
Toutes les pochettes !
J'ai réussi, en 21 ans, à amasser toutes les pochettes de tous les
disques de ce groupe que tout le monde connaît : DEPP,

Destructive Emotional Peculiar Props, avec leur extraordinaire chanteur Rutherford Adams, mieux connu sous le nom de Ruth à cause de sa voix de pinson et de ses costumes de scène androgyno-truc.

Toutes !

Je les ai toutes !

J'ai trouvé l'objet final le mois dernier.

Je les ai toutes !

Et c'était pas évident.

Trois fois sept ans, que j'y ai mis.

Toutes !

Vous vous rappelez, il y a eu en 1968 une chicane publique entre Rutherford Adams justement et le pauvre chanteur frisé sans imagination du groupe Velvet Underground, Lou Reed ? On se souvient qu'à cette époque, Adams reprochait à Reed de lui avoir piqué la riff centrale de sa chanson *She was alone* pour l'utiliser sans même la salir un peu pour le hit du Velvet *Run Run Run*.

Cette bisbille, qui a duré une année entière et qui s'est transportée en cour à la faveur de Reed bien sûr, a créé chez Adams une ouverture nouvelle.

Alors que Reed multipliait les sorties publiques, Adams de son côté, fidèle à lui-même, n'accordait aucune entrevue.

Comme il l'avait fait depuis les débuts des Destructive Emotional Peculiar Props, Adams laissait systématiquement la *lead guitar* du groupe Armadina Kashif, une grande noire de six pieds sept, s'exprimer au nom de DEPP.

En 1969, lassé qu'il était de toutes ces apparitions en cour, et malheureux d'avoir perdu aux mains de Reed des droits qui lui revenaient d'office, Adams décida de tenter le coup et d'accepter l'offre du magazine *Earings and After* de participer à un questionnaire-entrevue pour leur numéro 41 de juillet 1969.

Adams a répondu aux questions avec la poésie qu'on lui connaît.

Les sans-cervelle du *Earings and After* n'ont rien compris à ce lyrisme et ont, croyez-le ou non, refusé de publier l'article.

Mais voilà où ma collection en prend pour son intérêt !

Parce qu'outré qu'il était devant tant de médiocrité, Adams a décidé de publier les douze questions de l'entrevue au dos de la pochette du quatrième et dernier album du groupe.

Mais il a eu le génie de n'imprimer ses réponses aux questions qu'une seule à la fois, créant ainsi douze pochettes différentes pour ce même album intitulé *In Touch*.

Et j'ai mis, moi, vingt et une années avant de réussir à amasser toutes les pochettes.

Et le mois dernier, j'ai trouvé la pochette ultime, la seule qui me manquait et qui répond à la question sept de l'entrevue : *If you were an animal, which one would you be? — A stereo lab.*

Ha !

Voilà ce qu'il a répondu !

Stereo lab !

Et moi, je n'ai payé que quatre dollars pour cette pochette.

Je l'ai achetée en riant, je suis rentré chez moi, j'ai rangé la pochette à l'endroit prévu et vlan !

Toutes !

Je les ai toutes !

Mais aujourd'hui, c'est...

C'est pas ça qui compte.

Moi...

J'ai le défaut de ma qualité.

C'est pour ça que je suis là.

Et j'ai seize ans depuis trois fois sept ans.

Et j'en ai assez.

Voilà.

Raconter une histoire, mon histoire.

Voilà.

Messe de Noël

EDGIE-AGNEAU

Un doute survient rarement seul. Son bénéfice, d'ailleurs, est une chose floue. Il doit nous être accordé. Deux questions demeurent, toutefois : par qui ? et à quelle heure on le gagne ?

DIEU

Seize ans.
Messe de Noël.
Mal habillé parce que convaincu que les habits « propres » sont
nécessairement laids.
Pas idée encore qu'ils peuvent être « propres » et beaux.
Mauvaise connexion au niveau du choix des vêtements, de la
coupe de cheveux aussi, des parfums...
Croit encore que les parfums puent...
Qu'ils font partie des choses que l'on porte quand on veut faire
semblant de...

Fait trop chaud dans la trop petite église de ma trop grande et
laide ville.
Tant de choses sont laides quand on a seize ans.
J'ai seize ans...
Maintenant encore et depuis vingt et un ans.

Là...
Je tiens ici à vous rassurer.
Je suis bien trop occupé à préparer les phrases dans ma tête.
Je n'ai donc pas le temps ni l'envie, malgré mes seize ans,
d'évaluer si vos habits « propres », vos coupes de cheveux et/ou
vos parfums sont laids.

Trop chaud, donc.
Trop petite église.
Ville trop jeune, trop laide.
Trop construite autour d'un centre... D'un centre d'achats.
Trop chaud.
Noël.
Encens.
Haut-le-cœur.
Haut-le-cœur.
Haut-le-cœur et chaleurs.
Envie de perdre connaissance, là, sur le plancher de l'église.

Honte aussi.

Honte d'être là.

Honte d'avoir écouté.

Honte de vivre un haut-le-cœur.

Honte de ne faire de la peine à personne.

Tout à coup, quelque chose à régler.

Tout de suite.

Là.

Pressé.

Mais...

Combat.

Combat.

N'y arrive pas.

Ne sais plus.

Augmentation marquée de la chaleur et de la transpiration.

Une flaque sous le veston.

Malaise.

Et puis.

Ça y est.

Dieu ?

Dieu ?

Dieu, je m'excuse de pas croire en vous... Tu...

En toi.

Je veux dire que si jamais vous... t'existes...

Si vous... vivez...

Vous êtes... Si jamais...

Je veux dire : si jamais vous entendez ce que je dis... maintenant... au moment où je parle... ce que je veux dire...

Vous dire... Te...

Pardon !

C'est pardon, que je veux dire.

Voilà ! C'est...

Je ne peux pas croire en vous.

C'est ça !

Je suis incapable... de... croire en vous !

Je peux dire« vous », hein ?

Vous êtes sûrement vieux ?
Je veux dire, ça fait... ça peut faire longtemps que vous êtes
partout...
Quand même !
Vous... Vous !
Ça sera « vou »s !
Tiens, on s'entend pour « vous » ?
Bon.
Une chose de réglée.
De toute façon, ça va nous aider dans nos rôles respectifs, il me
semble...
« Tu », c'est plus...
Si je crois pas en vous, ça donnerait quoi, de toute manière ?
Hein ?
On va pas se tutoyer si on croit pas l'un en l'autre ?
Parce que je vous demande pas de m'admettre non plus.
Je crois pas en vous, vous croyez pas en moi, puis on arrête tout
de suite...
C'est bon ?
Aucune estime, aucun soupçon, pas de rancune ni de chagrin.
On bouge.
On avance.
Hein ?
Bon.

Un temps

M'aperçois que je ne suis plus assis sur mon petit banc d'église.
Ne suis pas debout non plus.
Suis...
Ouh !
Je suis suspendu dans l'air au-dessus de mon petit banc d'église.
Je vole sur place au-dessus d'une foule de manteaux de fourrure
qui, pour le moment, ne me remarque pas.
Panique.

Dieu ?
Je m'excuse, hein ?

Je veux dire... Ça aurait tellement pu être autrement.
Je sais pas...
Oooh !

Un temps

Je sens, je sais qu'une force me pousse lentement vers le plafond
de l'église, vers... Dieu probablement.
N'arrive pas à déterminer la provenance de cette force.
Ou plutôt, ne veux pas, ne peux pas croire que je sais d'où elle
vient.
C'est cette même force qui me retenait il y a un instant de
régler mes comptes avec Dieu.
Je la reconnais, la puante.
Elle ne tient pas de la convention, de l'éducation ni des bonnes
manières.
Pas uniquement.
Elle est plus globalement alanguissante, plus paresseusement
collante et abjecte.
Je la déteste.
Elle me fait grimper plus haut encore.
Et puis encore.
Elle me fait faire quelques ronds dans l'air encensé de l'église,
puis m'amène d'un coup et me fixe juste au-dessus de l'autel.
De là, je peux presque donner des bisous au Christ en croix.
Mais ça me dit pas trop de le faire.
De là, je peux apercevoir le crâne désagrémenté du curé de la
paroisse, « Rôbert ».
C'est encore pire du dessus que du devant.
Essai pour passer inaperçu.
Je retiens mon souffle, prends la position foetale, veux me faire
très petit.
Tout à coup, un grand cri du curé.
« C'est l'heure de la communion, Brown ! »

La communion...
Oui, oui, oui, oui, oui, oui, oui...

Honte.

Tout le monde me regarde, me voit voler au-dessus de l'autel.

Ne sais plus.

Ne sais plus.

Voudrais ne pas exister.

Haut-le-cœur.

Oui.

Haut-le-cœur.

Rouge.

Plaques rouges, dans le cou, sur les joues.

Faire un tour de bicyclette...

Pourquoi vous nous mettez dans des situations comme celles-là ?

Je veux dire... Je veux dire... On a assez de nous-mêmes pour le ridicule.

Pas besoin de personne pour tomber dans le trou du fromage !

On se démerde assez bien. Merci.

Un temps.

Je m'excuse.

Un temps.

Vous savez, je suis pas le seul...

Je nommerai personne, mais il y a dans mon entourage et peut-être même ici plusieurs individus qui...

Ne croient pas en vous...

Un temps.

Je voulais pas venir !

Mais il y a tant de gens à qui il faut faire plaisir...

Non. Je voulais pas !

Ai communié comme tout le monde.

Suis sorti en marchant.

Scène 2

EDGIE

Voilà.

J'ai au cœur, un agneau. Oui.

C'est ça.

Oui.

Un agneau.

Au cœur !

C'est le défaut de ma qualité.

Le truc de l'église, c'était lui.

La force !

Probable que c'était lui.

De toute manière, je l'accuse.

Et aujourd'hui, à vrai dire, je n'arrive plus vraiment à savoir s'il est lui, ma qualité et moi, mon défaut ou le contraire... ou en contrepoint ou autrement, je veux dire.

Bah ! de toute manière, ça se balance, ce truc, hein ?

Tout le monde sait que le bien embrasse le mal, les fins de semaine, dans le noir...

Que les goûts sont dans l'air...

Que chaque torchon... torche... à qui mieux mieux.

Que.. qu'un vieux linge sèche... sur la corde...

Mais moi...

Moi, j'ai le défaut de ma qualité.

Et c'est ça qui compte.

C'est pour ça que je suis là.

J'ai au fond du cœur un agneau.

Et ça, c'est immense !

En plus, il s'est fait une maison, l'agneau...

Dans mon cœur.

Comme s'il avait décidé...

Sans me consulter d'aucune façon !

Comme s'il avait décidé que j'étais, moi, amateur de

quincaillâneries...

Que j'étais un body-percé de quelque espèce, l'agneau m'a crevé les parois du ventricule gauche du cœur de cinq boucles, je l'espère, hypoallergènes...

Puis, avec sa laine-fourrure d'enfant-mouton, il s'est tramé, telle une araignée aux vents fous, un appareillage complexe d'alpiniste au repos.

Sus-pen-du.

Au cœur !

Maison flottante pour petit mouton.

Le repos du gigot.

Pénétration méticuleuse et précise de chaque boucle par ces poils de peau.

Attention accrue dans l'habitude de faire des noeuds, de tisser des cordages.

Cet agneau ne peut être que matelot.

Ha !

Un mousse de pont d'envol.

Un agneau-saillon.

Tant mieux !

J'aime autant croire qu'il est bien accroché et qu'il a le pied marin.

Parce qu'il me « squatte » un espace à circulation liquide intense.

Bien sûr !

Il est là, et il s'est fait une maison dans mon cœur !

Au point névralgique de ma vie et de ma mort d'ex-humain-de-la-banlieue-sud.

Mais que fait-il là, lui, le défaut de sa qualité, vous vous demandez, hein ?

Eh bien ! ce qu'il fait là, je ne sais pas.

Je ne sais pas comment il y est arrivé.

Je ne l'ai ni invité ni ne lui ai commandé de venir s'installer là.

Je n'ai jamais, oh non ! publié l'adresse de mon cœur.

Ventricule gauche encore moins que le droit.

Pourtant...

Pourtant, c'est comme s'il y avait toujours résidé.

Immense cochonnerie au cœur !
Comme s'il se nourrissait de moi depuis que l'homme a touché
la Lune.

Oui.
Parce qu'il se nourrit de moi !
Et parce que oui, je suis né au moment où l'homme a touché la
Lune, moi.
C'est pas vrai du tout.
Mais ça me fait plaisir de le croire.
Alors depuis cette nuit...
Oui.
Parce que je suis né la nuit, aussi.
C'est vrai.
Pas vu le jour du tout, moi.
Vu la nuit.
La nuit.

Depuis cette nuit, donc, où on a touché la Lune et où je suis
né, qu'il se gave de moi, l'agneau.
Et pour lui, vous savez, je ne suis rien.
Je ne m'en occupe pas.
Occuper de...
Comme dans prendre soin.
Je ne m'en occupe pas.
Je ne suis ni berger, ni pâtre, ni pastoureau, ni trois fois pastou-
relle...
Il reste là.
C'est tout.
Jamais égaré.
Agneau-saillon.
Je n'ai pas à le garder.
Je n'ai pas à le moucher.
Il est là !
Et il me bouffe trois fois par jour.
Je suis son placenta.
Son gâteau.
Sa galette.

Sa délivrance.
Ha !

Il se nourrit de moi !
Il me rappelle chaque jour que je suis sacrifice !
Il fait de moi un atrophié !

Voilà.
C'est lui, le défaut de ma qualité, l'agneau que j'ai au fond du
cœur.
Et j'ai avec lui une relation si intime et qui dure depuis si
longtemps qu'elle s'est tordue sur elle-même.
J'ai l'impression de l'avoir tué plusieurs fois...
Et d'être mort et mort de l'avoir combattu à la fin de chaque
cycle de ma haine envers lui.
Vous savez, si le temps est vraiment rond et qu'il baise véritable-
ment l'espace du gras des lèvres, eh bien ! le temps est une
boule.
Et dans la boule, des billes.
Chaque bille, un combat.
Mais chaque bille, on l'oublie, est mil couleurs aussi et poussiè-
res d'automobiles.
Metal flakes...

Et je crois également qu'on a fait l'amour, l'agneau et moi.
Et plus d'une fois.
Mais je suis plus sûr que ce soit arrivé pour vrai, ni comment, si
oui.
Remarquez, j'ai peut-être choisi d'oublier, mais c'est mieux
comme ça.

Oh oui, je voulais vous communiquer aussi quelques données
intéressantes concernant les Destructive Emotional Peculiar
Props. Données que j'ai compilées moi-même.
Le groupe DEPP, qui n'a aucun lien avec l'insipide acteur du
même nom je vous en prie, le groupe DEPP n'a officiellement
enregistré que quatre albums studio, soient : *First Ones Last,* en
1966 ; *Jacked up,* en 1967 ; *Open and Off,* en 1968 ; et *In
Touch,* en 1969.

Au total, quarante-trois chansons ont été enregistrées lors de ces sessions.

Et ce qui est bien, c'est que les paroles des chansons sont inscrites à l'intérieur de chacune des pochettes.

Il est vraiment intéressant de noter que, si on oublie *Because of me*, qui a été écrite par le batteur Fred King, et *When she was a he*, d'Armadina Kashif, Rutherford Adams a utilisé, en ne comptant pas les répétitions bien sûr, 2354 mots pour écrire ses quarante et une chansons.

Soit 57,41 mots différents par chanson.

Il faut aussi savoir, ce qui démontre très bien tout le dynamisme et toute l'action présents dans le travail des Destructive Emotional Peculiar Props, que seulement 11,117 pour cent de ces mots sont des substantifs !

Et quand l'expression la plus répétée par le chanteur sans voix du Velvet Underground Lou Reed à cette même époque et pour le même nombre de disques est « *It's all right* », celle prisée par Adams, et qui apparaît sur huit des quarante et une chansons qu'il a écrites entre 1966 et 1969, est *Things Fall*.

Things Fall...

Collation des étiquettes

Edgie-agneau

Apprendre à recevoir est une aventure périlleuse et perverse. À cadeau donné, non, on ne juge pas le chou, mais on regarde la face du donneur en se demandant souvent ce qu'on lui doit maintenant.

SYSTÈME DE FORMATION ET DE VALORISATION

> Seize ans.
> Collation des étiquettes.
> Rangs d'oignons malgré nos seize ans.
> Collège privé, que voulez-vous ?
> Habits « propres » laids.
> Imposés.

Laids.

Très laids.

Pas seulement dans ma tête de seize ans...

Habits « propres » d'une laideur reconnue à travers la province
de Québec.

Réputé collège privé.

Laideur des habits « propres » directement proportionnelle à la
réputation du réputé collège.

Bruns, comme dans Brown.

Habits « propres » laids bruns.

Rangs d'oignons.

Jamais compris pourquoi pas une autre forme...

Comme petit carré, banane légère, arc de cercle, ellipse,
parallélogramme...

Non.

Rangs d'oignons.

Collation des étiquettes.

Pas plus jamais compris pourquoi.

Souci de classer, goût de clivage...

Moi ?
Moi ?

C'est moi.

Mais...
J'ai rien...
Pourquoi ?
D'accord, d'accord, je... je monte.
Ha ! ha !
Pardon ?
Une allocution !
Oui, bien sûr.
Oui, une allocution, d'accord.
Mérite du plus grand effort de compréhension en sciences
religieuses.
Ha !
D'a... D'ab... D'abord, bon... on... onjour !

Grand effort !
Sciences religieuses !
Y a... Y a pas eu d'effort !
Vraiment !
Et... je... je...
Aussi, faut pas...
Oh non !
Faut pas croire qu'il y a là une science !
Enco... Encore moins des... des sciences !
Ha !
Je.. Je ne...
Le blasphème...
Je ne veux pas ici dire des choses...
Mais y a pas vraiment de... de science là-dedans !
Pas d'effort !
Pas d'effort !
Non plus...
Pas plus que... que de mérite !
Descendre ?
Tout de suite.
Oui.
Je descends.
Oui.

Remettre des mérites signifie qu'à l'intérieur de l'institution, on
mérite du mérite.
Ainsi, l'institution a du mérite... en elle.
Et si elle a du mérite en elle, elle en a sur elle.
Alors on voit qu'elle a du mérite.
Refus de porter le mérite de l'institution.
Qu'elle le porte elle-même, son mérite.
De nouveau, vouloir ne pas exister.

En... Encore moi !
Je...

Encore moi !

C'est pas vrai !
Mérite du meilleur rendement académique en anglais, langue seconde.
Pourquoi ?
Je veux pas...
Je veux pas de mérite !
Je...
Une allocution ?
Bien sûr !
Pas comme l'autre ?
Non. Non, non...
Pas comme l'autre.
Dans la lignée de... la philosophie de notre institution !
La vôtre !
C'est... C'est pas la mienne, l'institution !
Oui, oui.
S... Si vous voulez !
Mais...
C'est pas la mienne !
Allocution !
Okay !
Euh...
I...
It is...
I am very proud...
Ça... Ça, c'est drôle aussi !
Fier, c'est...
C'est *proud.*
Et...
Et...
Et *proud,* c'est orgueilleux !
Orgueilleux !
Je suis très orgueilleux de...
Recevoir ce mérite !
Ha ! ha !
Proud, c'est fier et c'est aussi orgueilleux...
À croire que les Anglais n'ont pas d'orgueil ou pas de fierté.
Quoi ? *What ?*

Descendre ?
Oui. Oui, oui.

Ça pèse, ça pèse.
Je ne suis pas un tireur de char.
Je n'accepte que très difficilement d'être bête de cirque.
Exemple.
On veut que je sois un exemple.
On me cadre et m'accroche, et je pèse.
Je pèse lourd le défaut de ma qualité, cloué au mur, affiché.
L'agneau, lui, rit.
My agneau au cœur *is proud.*
My agneau au cœur *is* fier de moi...
And moi, *I spit on him...*

Je dis *him* sachant bien qu'il est un *it...*
Mais il est le défaut de ma qualité.
Et c'est ça qui compte.
Et j'ai seize ans et seize ans et seize ans comme ça depuis vingt
et un ans.
Et le défaut de sa qualité, même et surtout à seize ans, on le *him*
bien plus qu'on le *it.*

So I spit on him, le défaut de ma qualité...
*I pee on his head and in his eyes, so he would cry and go elsewhere
to see his mother...*
But l'agneau au cœur continue de rire *and to be proud of* moi,
and he does not have a mother.
He has moi, *and only* moi.
And I hate him.
And ça pèse.
And c'est à mon tour *to cry...*
Cause to be an example is to be dead in time...
Mort dans le temps, *yes.*
Dead in time...
Et je ne veux pas.
And c'est à mon tour *to cry...*

La seule apparition de Rutherford Adams aux Grammy Awards a eu lieu en 1966, peu après la sortie de *First ones last*.
Les DEPP n'étaient en fait en nomination dans aucune catégorie, mais David Bowie lui-même a demandé à Adams de l'accompagner à la cérémonie.
Adams est arrivé les fesses à l'air, habillé en geisha électrique, portant un écriteau avec la mention « *Let's fuck around* » !
« *Let's fuck around* » !

Moi...
Me ?
Encore !

                                                            Oh !

Je n'en veux pas !
C'est...
Pardon ?
Mérite général, meilleur rendement académique et progrès personnel.
Remis au plus méritant de toute l'institution !
Je... Je n'en veux pas.
J'aimerais...
Quoi ?
Ce que j'aimerais...
N'intéresse pas...
N'intéresse personne ?
Hum...
Je le sais...
Seul... Seulement...
Que je me dépêche ?
Oui.
Je...
Je peux faire ça.
Une allocution ?
Je suis...
J'aimerais...
Oh ! c'est vrai !

N'intéresse personne, ce que j'aimerais.
Okay.
Mais...
C'est que ...
Je ne le mérite pas.
Je n'en veux pas.
Je...
Quoi ?
Ce serait la moindre des choses que... je dise merci ?
Mais la moindre des choses...
La moindre...
Je veux dire...
Des choses...
Des choses !
Je peux dire merci.
Je peux dire n'importe quoi.
Mais j'aimerais...
Mais ça n'intéresse... personne...

L'agneau au cœur continue de rire de joie...
And to be proud, so, so proud of moi.
And I cry so hard que mes mains, mon ventre, ma langue, mon front, mes genoux pleurent aussi.
Personne ne voit que je pleure de partout.
Je suis le plus méritant de toute l'institution.
I am Brown, like mes habits « propres ».
Et je pleure du nombril, du cul, des os.
Je pleure de mes semelles de bottes.
Je pleure d'être *so Brown* et *so* méritant *but not...*
I know.
I know.

Je ne mérite...
Rien.
Je ne veux rien mériter !
La moindre des choses, c'est merci.
Mais je ne mérite rien.
J'essaie de le dire.

Rien ne sort.

Alors cent et quelques habits « propres » bruns se mettent à me
lancer des « Beige aux bas bruns ! », des « la merde au cul :
B.R.O.W.N., Brown »...
On souhaite m'éliminer.
Cent et quelques habits « propres » bruns...
Cent et quelques habits « propres » bruns qui veulent être cent
et quelques habits « propres » bruns et c'est tout...
Cent et quelques habits « propres » bruns qui n'ont rien à
foutre d'être cent et quelques habits « propres » bruns et un
méritant *but not*...
Cent et quelques habits « propres » bruns...

Alors quelque chose d'étrange se passe.
Ma mâchoire, mon corps en entier se relâchent par petites
secousses.
C'est l'agneau.
Je sais que c'est lui.
On continue de me lancer autant d'insultes que de gros yeux.
L'agneau s'esclaffe.
Moi, je ramollis, je ramollis, je ramollis.
Mes genoux cassent.
Et puis...

« Monsieur le directeur, chers membres du conseil d'adminis-
tration, professeurs et amis, complices de toutes les minutes,
c'est avec évidemment beaucoup de plaisir et de fierté, que
j'accepte ce prestigieux prix, que je m'empresse de partager avec
les personnes qui étaient en nomination à mes côtés et qui
auraient pu le recevoir tout autant que moi. C'était une chaude
lutte ! Je ne peux également passer sous silence tout l'honneur
que j'ai de pouvoir appartenir à une telle institution ; comme je
ne peux difficilement cacher l'immense joie que j'ai de porter
cet habit qui est le nôtre. Et, même sans pouvoir l'avoir à toute
heure sur les épaules, soyez assurés que je vais le revêtir toute
ma vie durant avec une fierté à jamais renouvelée. Merci. »

Et là, pendant que peu à peu les insultes se taisent, on me lance

des bravos, des youhous, des wow...
Mais je sais qu'on ne me voit pas
On ne me voit plus.
On me lèche le mérite.
C'est tout.
Cent et quelques habits « propres » bruns qui croient ferme que
je mérite mon mérite...
Tout le monde, d'ailleurs, croit que je mérite mon mérite.
L'agneau rit.
Il est fier de lui, fier de moi.
Et je sais que l'institution me célèbre l'agneau au cœur.
Je sais que c'est pour ça qu'il est *so so proud of* moi, l'agneau au
cœur.
Je sais que d'autres habits « propres » bruns méritent plus que
Brown le mérite de Brown, mais je sais que l'institution préfère
de loin donner à Brown le mérite de Brown que de le donner à
un autre habit « propre » brun, qui lui n'a pas d'agneau au
cœur, mais qui mérite beaucoup plus que Brown le mérite de
Brown.
Faire de Brown un exemple.
To make him dead in time.
Mort dans le temps.
Je ne veux pas.
Et je pleure.
Et personne ne voit que je pleure.
Trop occupés à me lancer des insultes, des bravos.
Trop occupés à me mériter.
Trop occupés à me faire *dead in time.*
Seize ans.
Dead in time.

Scène 3

EDGIE

J'ai fait la rencontre de l'agneau...
Je me suis aperçu que je l'avais là, au cœur...

Bon élève, qu'il m'a dit qu'il était, l'agneau, l'incarnation de
cette belle intention de souffrir pour.
Je l'ai rencontré à cet âge...

J'en étais, dans ma jeune vie d'humain-de-la-banlieue-sud-
d'alors, à commencer à comprendre que les choses ont des
branches, que chaque truc sur terre, concret comme abstrait,
que chaque truc possède un réseau et que chaque réseau dépend
de différents réseaux.
Chaque chose est liée.
C'est vrai.
Liée, connectée, cause ou conséquence, cousine germaine du
bout du lobe de l'autre...
Chaque chose !
Prenons une pochette de disque, okay ?
Imaginez une pochette de disque.
N'importe laquelle.
Le Velvet si vous voulez.
Bon.
Ça semble facile à comprendre, une pochette de disque, l'objet
pochette de disque, mais attention !
La pochette de disque, unique...
LA pochette de disque.
Je veux dire la pochette de disque que vous avez choisie, que
vous voyez...
Elle, toute seule.
Pas ses sœurs jumelles, elle !
La pochette de disque qui est dans votre tête.
Eh bien ! cette pochette de disque a d'abord une branche
principale et essentielle, n'est-ce pas, qui la relie à la vraie
pochette de disque, la pochette de disque physique, celle qui
existe, que vous avez déjà vue, pas celle de votre tête, l'autre.
Eh bien ! cette vraie pochette de disque a elle aussi une branche
très importante, qui la relie à l'ensemble de toutes les autres
pochettes de disques possibles, les vraies, qui en quelque sorte la
définissent par différence.
Et la pochette de disque dans votre tête a aussi une telle
branche, celle qui la relie à l'ensemble de toutes les pochettes de
disques que vous pouvez imaginer, les pas vraies... celles vues

par vous !

Parce que quelqu'un d'autre pourrait bien sûr imaginer d'autres pochettes de disques.

Ce quelqu'un pourrait aussi imaginer les mêmes pochettes de disques que vous, fruits de votre mémoire commune ou du hasard le plus pur !

Mais disons pour résumer que ces premières branches peuvent nous conduire à toutes les pochettes de disques, présentes, latentes...

Toutes !

Maintenant, chaque pochette de disque qui est au bout de chacune de ces branches a de multiples nouvelles branches qui la relient, par comparaison, aux autres objets, aux objets non-pochettes de disques.

Et encore, nous pouvons dire aux ensembles d'objets, puis aux objets eux-mêmes.

Comme par exemple à l'ensemble non-pochettes de disque, cendriers, mais par extension à l'ensemble cendriers sur pattes, à l'ensemble petits cendriers d'aluminium Alcan qui volent au vent...

Pour aboutir à l'objet unique, le cendrier untel posé sur le coin supérieur droit de la table là.

Voilà pour ce qui est de ces premières séries de branches, mais il y a nombre d'autres séries de branches qui servent à comprendre l'objet pochette de disque.

Nous n'avons qu'à penser à la série propriétaires de la pochette de disque : propriétaire actuel, anciens propriétaires, propriétaires potentiels...

À la série utilisateurs de la pochette de disque.

À ne pas confondre avec la série propriétaires.

Ce n'est pas parce qu'on possède une pochette de disque qu'on l'a déjà ouverte, n'est-ce pas ?

La série couleur de la pochette, la série usure des matériaux, la série histoire de la pochette de disque... de la pochette de disque unique, mais aussi série histoire de la pochette de disque en général à travers les âges, la série histoire de l'homo sapiens qui a appris à s'attacher aux belles choses, qui a aussi inventé le besoin pochette de disque...

Après, il y a aussi tout un réseau de signification, de la pochette de disque : une pochette de disque vide qui signifie le deuil, un groupe de pochettes de disques qui représente la famille, une pochette de disque à trois volets, pour le père, le fils et le zouin-zouin...

Vous voyez ?

Et on ne parle ici que d'une pochette de disque.

Imaginez lorsqu'on parle de l'oncle Paul, ancien militaire cul-de-jatte à perruque, qui est alcoolique, trois fois divorcé, qui a fraternisé, il y a longtemps de ça, avec certains groupes nazis, et qui vit des choses terribles ces derniers temps.

Imaginez les réseaux de réseaux !

Ça fait peur.

Imaginez lorsqu'on parle d'un bon élève d'agneau dans le cœur...

Éric T.

Seize ans.

Champion interprovincial d'échecs dès l'âge de sept ans.

Premier de classe chaque année de toutes ses études primaires.

Sauf en troisième année, l'année de sa terrible pneumonie.

Éric T. s'est imposé comme meilleur sauteur en hauteur aux dernières olympiades de son école.

Son prof Denise a dit de lui qu'il était l'élève le plus complet à avoir fréquenté ses classes de toute sa carrière.

« Il est brillant, il est drôle, sait quand s'arrêter de rigoler... Vraiment, on voudrait tous avoir un Éric T. près de nous. En plus, il est charmant. Il brisera bientôt des cœurs, si ce n'est déjà fait. »

Son père a promis à Éric T., seize ans, une voiture sport neuve pour la fin de l'année scolaire s'il réussissait à terminer premier de tout son niveau.

Quatrième secondaire privé.

Éric T. a travaillé comme un désespéré, lui qui en faisait déjà beaucoup.

Il la voulait, cette voiture.

Il a impliqué dans ce projet d'études toute sa concentration, tout son temps, tout son vouloir de seize ans, toute sa joie d'exister parmi les autres, promettant promenades en voiture par-dessus promenades en voiture.

Et à la fin de l'année scolaire, on a pu constater qu'il s'était vraiment surpassé.

Il a surpris tout le corps professoral par la qualité de son travail.

Il a même reçu les félicitations du directeur général de l'école.

Mais quelqu'un d'autre s'était aussi surpassé et avait fait mieux encore qu'Éric T.

Éric T. a terminé deuxième de tout son niveau.

Quatrième secondaire privé.

Il n'a pas reçu de voiture sport neuve en cadeau.

Il n'a pas reçu de prix de consolation non plus.

Il n'a pas reçu derrière la tête de coup du bâton de criquet de son père, ni de coups de pied au visage, ni à l'abdomen.

Il n'a pas eu à aller à l'hôpital pour quatre jours.

Mais le silence de son père, devant ce deuxième rang, était pire.

Et pour Éric T., sa peine ce jour-là valait bien les sueurs de tous les entubés du monde.

Et ce jour-là, Éric T. est parti de chez lui.

Il a volé une voiture sport neuve et a filé vers les États-Unis.

Ses parents sont restés plusieurs mois sans nouvelles.

Éric T. a été trouvé mort à la fin de l'automne dans une prison du Venezuela.

Une enquête s'est ouverte pour tenter de comprendre les causes du décès, mais il semble qu'Éric T. ait été amplement responsable de son arrestation et de sa mort.

Il avait seize ans.

Il était bon élève.

On ne comprend pas.

Je vais vous dire un truc assez surprenant concernant le hasard des choses.

Dans ma collection, la première pochette que j'ai achetée, il y a de ça vingt et un ans chez Archambault musique, coin Berri et Sainte-Catherine, est celle de l'album *Jacked up*, le deuxième album de DEPP.

C'est idiot, j'aurais pu acheter celle du premier album, mais elle est un peu plus moche et comme *Jacked up* compte deux chansons de plus...

Ensuite, ce même après-midi — et c'est là où vous allez voir

comment les choses arrivent parfois —, j'ai trouvé, croyez-le ou
non, j'ai trouvé, dans une ruelle, ce même après-midi, trois
pochettes dans une boîte qui en contenait environ une quaran-
taine, dont le mortel album *Vu* du Velvet Underground.
Trois pochettes des Destructive Emotional Peculiar Props !
La première étant justement celle du premier album, *First ones
last.*
La seconde, celle du disque *In touch* qui répond à la question
quatre : *What kind of car do you drive ? — I don't drive, I crawl.*
J'ai tout de suite compris l'intérêt évident de ce disque.
Et la troisième était celle de *Open and off,* qui est apparu sous
l'étiquette Chrisalys en 1968.
Trouvées !
Les trois !
C'est fou, hein ?
Et...
Et puis trois fois sept ans, que ça m'a pris !
Trois fois sept ans, à toutes les ramasser.
Toutes !
Je les ai toutes !
Et la suivante, je l'ai achetée.
C'était le *In touch* de la question six : *Who is your hero ? — I'd
prefer to have an operation for a tumour than to answer this
question.*
L'avant-dernière, le *In touch* de la question trois : *Name a person
you really hate. — You.*
Et le mois dernier, j'ai trouvé la pochette ultime : la question
sept.
Complète !
Ma collection est complète !
Voilà !

Mois de mai

Edgie-agneau

Quand on croit connaître et comprendre le cycle des fonction-
nements inscrits et qu'on joue au plus fin avec les règles de
l'identité et de l'usage, on risque de trouver de la pâte dentifrice
sur son miroir.

LES JEUNES FILLES

Seize ans.
Mois de mai.
Maintenant *dead in time.*
Une fille du collège m'aime, je le sais.
Anne-Claude Desparois.
Tout le monde sait qu'elle m'aime.
Chaque garçon, chaque fille, chaque employé du collège sait
qu'Anne-Claude Desparois m'aime.
J'ai fini par l'apprendre.
Je suis flatté.
Flatté qu'on s'intéresse à Brown.
But je suis *dead in time.*
Ne comprends pas qu'elle m'aime.
Corps mort dans le temps.
Ne lui adresse jamais ou presque la parole en dehors des cours.
Ne sais pas si elle aime mon rendement académique en fait.
Ne sais pas si elle aime Brown pour Brown.

Ai cueilli des informations au sujet d'Anne-Claude Desparois.
Ces informations sont intéressantes.
Très intéressantes.
Anne-Claude Desparois ne joue pas du piano.
Le violon lui casse les oreilles.
Pour elle, le ballet-jazz est une sorte de représentation dansée de
l'imbécillité humaine.
Elle ne cherche à devenir ni psychologue ni ne veut se perfec-
tionner en sciences administratives.

N'aime pas le sport.
Anne-Claude Desparois est en classe de récupération.
Elle conduit une voiture.
Elle fume des cigarettes entre les cours.
Ce ne sont pas ses vrais cheveux.
Je crois que je l'aime déjà.

Mois de mai.
Anne-Claude Desparois organise une fête chez elle pour son anniversaire.
Tout le monde sait pourquoi elle organise cette fête.
Ses riches parents, ses amis, mon ami Freddy...
Who is not my ami *anymore since I am dead in time and since he,*
Freddy, *wants to fly high and touch the sky, eat clouds like*
des barbes à papa.
And to have a best friend who is un corps mort dans le temps, ça empêche de voler.
Je n'ai pas d'ami.
Pourtant, tout le monde me connaît et tout le monde sait pourquoi Anne-Claude Desparois organise cette fête.
Ses riches parents, ses amis, Freddy, même le D.J. loué savent qu'elle organise cette fête pour que j'y sois et pour qu'elle puisse me dire qu'elle m'aime.
Je sais qu'elle sait que je sais qu'elle m'aime.
Mais ça ne peut être simple.
Nous avons seize ans.
Ça doit être dit.
Il doit y avoir une fête.
On doit savoir et voir que ça a été dit.
Et moi, je lui dirai oui.
Et je verrai ses vrais cheveux.

Mois de mai.
Je me prépare pour la fête qu'Anne-Claude Desparois organise pour son anniversaire dans le but que j'y sois, qu'elle puisse me dire et que ça se sache que c'est dit : je t'aime.
Je suis dans mon placard-penderie.
Tous mes vêtements sont en exposition.

Depuis ce matin, je les ai tous essayés.
Tous.
Et encore.

Je n'ai pas déjeuné.
Il est dix-sept heures vingt.
Je suis en sueur.
Anne-Claude Desparois m'attend pour dix-sept heures.
Je ne sais définitivement pas quoi mettre.
Je n'arrive pas à savoir quoi.
Je suis Brown.
Je suis un exemple.
Que porte un exemple un jour de fête ?
J'ai un bon élève au fond du cœur.
Dead intime, *in time*.
Le bon élève, l'agneau-saillon mousse mon désir de trouver
juste et de faire bonne impression.
Mais Anne-Claude Desparois n'est pas une jeune fille pour un
agneau.
Il faut trouver quelqu'un d'autre, quelqu'un de bien.
Une jeune fille qui a de bonnes manières, qui réussit, qui porte
sa féminité à bout de dentelles.
Une jeune fille qui ne court pas, qui ne peut pas courir parce
qu'elle a des chevilles de papier.
Et il faut souffrir pour.

Mais moi, je veux d'Anne-Claude Desparois pour ses cheveux
qui ne sont pas vrais.
Je veux d'Anne-Claude Desparois pour la regarder fumer des
cigarettes entre les cours et pendant les cours quand elle dit
qu'elle est malade.
Je veux d'Anne-Claude Desparois parce qu'elle ne joue pas du
piano.
Souffrir pour.
Il faut souffrir pour...

Souffrir pour...
C'est ça.

Oui.

C'est ça.

Je vais souffrir pour.

Voilà !

D'accord.

Mais oui !

Souffrir pour...

Donner à Anne-Claude Desparois la pire image de moi-même.

C'est ça.

Vérifier la solidité de son amour envers Brown.

Être presque pas vrai.

Lui donner la pire image, point.

Peu importe d'où elle émerge et où elle peut mener.

Souffrir pour...

Ça se mérite, d'aimer et d'être aimé.

Souffrir pour...

Ah !

Brown, Brown, Brown, Brown, Brown !

Réfléchir.

Réfléchir.

Réfléchir.

Étape 1.

Poire *Williams*.

Oui.

Moment où jamais de savoir ce que goûte cette chose, ce fruit

qui a un prénom.

Poire *Williams*.

Étape 2.

Trouver juste...

Habit « propre » brun.

Shout !

Shout !

Let it all out.

Anne-Claude !

I know that you know that I know !

Won't you take me to Funkytown.
Ouais !
Ouais !
Move it.
Move it.

Je cours une cigarette.
Je n'ai jamais fumé.
Mais je veux fumer une cigarette là, maintenant.
Je m'installe sur les genoux et fais le caniche pépeiné.
Brun !
Caniche pépeiné brun.
Je lèche la main, la face des gens qui fument pour qu'ils me
donnent une cigarette.
Je ne parle pas.
Je suis un caniche pépeiné brun.
Je veux qu'ils comprennent sans que j'aie à parler.

Jump !
Jump !
Might as well jump !

Je m'ouvre le front sur un pic enneigé du mur de stuco.

Le front me saigne.
Personne ne m'en parle.
Je suis un caniche meurtri.
Je me lèche la plaie tant que je peux.
Anne-Claude Desparois me donne un mouchoir.
Je lui pique sa cigarette.

La question dix d'Adams : *Name a thing you do in private you
would not do in public. — Burn the hair of little smart girls.*

J'installe le mouchoir d'Anne-Claude Desparois sur la poitrine
d'Anne-Claude Desparois, prends une bouffée de sa cigarette,
puis pose mon front sur le mouchoir sur sa poitrine et
m'étouffe.

Et je rit de m'étouffer la tête qui saigne entre les seins d'Anne-Claude Desparois.

La poire *Williams* voudrait sortir maintenant.
C'est l'agneau qui étouffe.
Oh !...
Oui... qui étouffe.
C'est bon !
Trop bon !
Je décide de lui faire le coup, à l'agneau.
Je veux qu'il étouffe vraiment.
Je veux qu'il devienne complètement bleu, qu'il enfle, qu'il éclate et qu'il se ratatine tout du long.
Je veux faire de lui une gousse de vanille bleue.
L'idée me transporte.
Une grande, morte, caoutchouteuse gousse de vanille bleue !
Je fonce sur Anne-Claude Desparois et lui pique de nouveau sa cigarette.
J'en fume quatre à cinq touches de suite.
Ce n'est pas suffisant.
Je veux faire de l'agneau une gousse... de vanille...
Bleue !
Je me vide complètement les poumons, puis je tire sur la cigarette d'Anne-Claude Desparois.
Je fume tout ce qu'il en reste.
D'un trait !
Un peu de mes doigts, aussi.
Je tire tout ce que j'ai de poumons.
Je me lève la tête, verte d'espoir.
Je m'étouffe de nouveau.
Et la poire vole contre le mur.
Ce n'était pas une cigarette.
Tout fige.
Il n'y a plus de fête.

Come on, D.J., c'est rien.
C'est...
Move it.

Move it.
Je...

         Je sens, je sais que l'agneau est toujours là.
         Et qu'il n'est pas une gousse de vanille.
         Pas du tout.

Je...
Il n'y a personne ici...
Qui...
Sait qui je suis.
Quand il pleut à verse, est-ce que vous vous demandez qui est-ce qui pleure ?
Non !
J'ai une maladie, moi, qu'aucun d'entre vous ne peut comprendre.
Et je mourrais ici que ça ne vous intéresserait pas plus que ça.
Je sais ça !
Personne !
Freddy...
Freddy...
Pas plus que les autres.
Freddy...
Mange des nuages.
C'est pour ça que Freddy a plus de langue pour dire à Brown que sa maladie de bon élève d'agneau dans le cœur le gratte du dedans, de faire attention de pas en mourir maintenant ou dans un autobus.
Mange des nuages.
Personne ici sait que j'aurai jamais dix-sept ans, moi !
Personne...
Ça ne fait rien à personne.
Rire, peut-être ?
Ouais !
C'est ça !
Je suis un clown, moi !
Un clown brun !
Fade, fade, fade, fade, fade !

D'un fade tellement fade que ça fait rire.
C'est ça.
Anne-Claude Desparois, toi...
Je t'aime.
Je t'aime de ce que je sais de toi.
Je ne mourrai pas de t'aimer, mais je voudrais voir tes vrais
cheveux.

La question un d'Adams : *What kind of friends do you have ?* —
Crumbly [friables].

> Chaleur et poire *Williams.*
> Tempes froides.
> Soudure dans l'oesophage.
> Perte de conscience.

> À mon réveil, la fête est vraiment terminée.
> Les invités, et même le D.J. loué, n'y sont plus.
> Je suis dans la chambre d'Anne-Claude Desparois.
> J'ai la tête sur les cuisses d'Anne-Claude Desparois.
> Elle me pleure dessus et elle m'embrasse et elle me pleure
> dessus.
> Sa chambre est vraiment bien.
> Ça sert d'avoir des parents riches, mais c'est jamais là quand il
> faut.
> Anne-Claude Desparois me pleure dessus.
> Elle n'a pas de parent sur qui pleurer.
> Alors elle me pleure dessus et me demande de lui faire l'amour.
> J'ai des éclairs dans la tête.
> Je comprends tout.
> J'aurais préféré la simplicité de la présence d'un parent, mais je
> comprends tout.
> Et comprendre, tout là et tout de suite, c'est pas mal quand
> même.
> Et j'ai des éclairs dans la tête et j'embrasse Anne-Claude
> Desparois qui m'embrasse aussi.
> Et elle me pleure dessus et je lui respire toute la face.
> Et je comprends tout.

Je comprends qu'Anne-Claude Desparois aimait peut-être
vraiment Brown pour ce qu'elle savait de Brown.
Comme j'arrivais à l'aimer, elle, pour ce que je savais d'elle.
Je comprends que son intention était probablement la bonne...
La même que j'aurais voulu qu'elle ait, mais que je ne lui ai pas
fait confiance, à l'intention.
Je comprends que j'ai toujours un agneau dans le cœur.
Qu'il est un bon élève.
Et que je le déteste.
Que l'agneau m'a fait trouver comme quotient à ma division
devant le « que faire et le que faire ? » qu'il fallait qu'en bon
élève au fond du cœur, que je souffre pour.
Et je comprends que cette tentative de faire de l'agneau une
gousse aromatique bleue n'a fait que nourrir cette bonne
intention.
Et que ma bonne intention a donné de grandes claques au
visage de la bonne intention d'Anne-Claude Desparois.
Et je comprends que j'ai fait de nous une grande peine...
Qu'Anne-Claude Desparois veut que nous fassions l'amour par
consolation.
Je comprends qu'elle ne peut plus m'aimer pour ce qu'elle sait
de moi, parce que ce qu'elle savait de moi, je l'ai brisé.
Et je ne lui fais pas l'amour.
Et je m'en vais.
Je cours chez moi.
Je cours comme un chien en colère.
Parce que je comprends tout.

Scène 4

EDGIE

Marie M.
Seize ans.
Idole dans son village du Bas-du-Fleuve.
Chanteuse solo pour la chorale de l'église.

SEIZE ET (TROIS FOIS SEPT) FONT SEIZE J'EN AI ASSEZ MERCI

Capitaine de l'équipe de ringuette.

Marie M. était douée.

On ne lui promettait pas de voiture sport neuve, mais on lui promettait l'avenir rose banane sur un lit de chocolat.

On lui promettait la mairie de Rimouski, sans question, dans cinq ans.

On lui promettait la direction du Centre des arts du Bas-Saint-Laurent, la responsabilité de la réforme du plan agricole de la région, la présidence du comité touristique, le prix du Gouverneur général, le mari de ses rêves, le prix Nobel de la paix, la planète Mars...

Marie M. était vraiment douée.

Mais Peter.

Peter.

Le principe.

Peter.

C'est ça.

Elle n'avançait plus.

Seize ans.

Il fallait qu'elle bouge.

Qu'on lui permette d'aller plus loin.

Québec.

Voilà.

Oui.

On a inscrit Marie M. dans la meilleure école pour enfants doués de la ville de Québec.

Là, elle n'était plus l'idole de personne.

« Question de temps », disait sa mère.

On lui avait fait tant de promesses...

Marie M. ne connaissait personne à Québec et n'aimait pas la ville.

Elle n'était plus première de classe du tout.

Elle était même absente les deux tiers du temps.

La direction de l'école a envoyé une lettre aux parents de Marie M. pour aviser qu'on croyait que Marie M. n'était pas à sa place dans la meilleure école pour enfants doués de la Ville de Québec.

Quand sa famille est arrivée à Québec, ils ont trouvé Marie M. endormie dans son lit à la résidence de l'école.

Morte.
Elle était bonne élève.
On ne comprend pas.

Sous-sol

EDGIE-AGNEAU

Quand on plante une clôture autour de soi, on risque fort de brouter l'herbe sur laquelle on a pissé.

LA MASTURBATION

Seize ans.
Samedi avant-midi.
Sous-sol avec bar en cuirette.
Chambre dans un coin, bar en cuirette dans l'autre.
Wet bar...
It's the best !

Première ville au Québec à avoir la télévision par câble.
Ville laide.
Ville gadget, très « pratique ».
Premier sous-sol au Québec à avoir la télévision par câble.
Sous-sol gadget, très « pratique ».

Je regarde la télévision dans notre sous-sol gadget.
Une émission banale.
Même pas la télé italienne...
Pire !
Je regarde la pire émission de télé de tous les trente-six canaux
de l'époque.
Plus banal, faut foutre l'écran contre le mur.
Mais moi, je ne veux penser à rien.
Je ne veux de rien qui aurait pu être pensé pour moi.
Je veux voir un lac et ses possibles.

Voilà.

Mais les concepteurs de cette émission n'ont pensé à rien, c'est
sûr.
Ils n'ont voulu nous transmettre aucun message, aucune image.
Ils ne pouvaient avoir aucun souhait en faisant cette émission
de télé, sinon on pleure leur incapacité.
Aucun sens.
Cette émission n'a aucun sens.

Alors voilà, je regarde la pire émission de télé disponible dans le
premier sous-sol du Québec à posséder la télévision par câble.

Et là, comme ça, venant d'on ne sait où...
Samedi avant-midi !
Sous-sol gadget !
Érection.
Érection du diable.
Allez savoir.
Seize ans ?
Fruit de mon imaginaire ?
Je ne sais même pas.
Je ne regardais même pas la télévision italienne.
Bang !
Érection monstre.
Je ne sais quoi en faire.
Mais plus j'attends, plus elle semble prendre de l'ampleur.
Dirigeable.
Ballon dirigeable entre les cuisses.
Plus moyen du tout de se changer les idées avec la pire émission
de télé jamais créée sur le câble.
J'appelle.

Maman ?
Ah ! papa est couché !
Mon frère revient à quelle heure ?
Et tu fais quoi dehors ?
J'ai rien.

T'en as pour longtemps ?
Quelques minutes...
Non.
Je te jure.
Tout va bien.

Quelques minutes...
Ça devrait suffire.
Elle m'aspire, l'érection.
Je n'y crois presque pas.
Le temps est compté.
Je cours vérifier en vitesse rideaux, fenêtres, portes.
Tout y est.
Alors j'y vais.
Je me lance.
Je me masturbe.
Oui.
Je me masturbe.
Ma mère pourrait très bien entrer, inquiétée par mes questions.
Mon frère pourrait très bien revenir plus tôt que prévu.
Mon père pourrait se réveiller aussi.
Tous pourraient entrer et me découvrir, culottes roulées aux
mollets, faisant ce qu'il faut.
Ça ne me fait rien.
Ne pas perdre cette chose innommable qui me pousse entre les
jambes, qui emplit toute la pièce, le sous-sol, et qui me prend
dans ses bras...
La rendre heureuse, la rendre à terme, prendre le bateau...

Je ferme les yeux un instant.
J'en profite pour épingler le temps et les sens sur le tableau noir
de la mémoire de mes seize ans.
Et là, je vois l'agneau !
Oui.
Je ne suis pas seul.
Un agneau est là avec moi !
Je l'avais comme...
Oublié.

Mais il est là.
Et il a un de ces sourires au visage...
Un sourire qu'on brûlerait là, sur la place publique, tellement il
est insultant de ne pas le comprendre.
Et je suis convaincu qu'il juge ce que je fais, qu'il commente les
événements.

Et là, mon humain qui y va de... de...
Oh !...
Regardez-moi ça...
Oh !...
Spectaculaire !

De nouveau, j'ai envie de le tuer.

Je tente de retourner à l'instant d'avant l'agneau, mais en vain.
Je l'entends qui rit.
Qui rit.
Qui rit.
J'arrête tout.
Je prends le téléviseur et le lève à bout de bras.
Mais je suis trop grand et le plafond du sous-sol l'arrête.
Il joue toujours, le téléviseur.
Toujours cette banale émission.
Et moi...
Je ne veux pas le jeter par terre comme un enragé.
Je veux mieux.
Je veux mal faire, tout en profitant du geste au moment de son
exécution.
Je veux lever le téléviseur à bout de bras, culottes roulées aux
mollets, et le laisser aller simplement.
Qu'il tombe doucement et qu'il s'écrase au plancher dans un
éclat lumineux de soudure électrique.
Mais le plafond m'arrête.
Je suis trop grand.
L'agneau rit.
Je me mets à genoux et recommence le mouvement de portée
avec le téléviseur.

Je le tiens maintenant à bout de bras, à genoux, culottes
définitivement roulées aux mollets, et je suis fier.
Mais je réalise que, dans cette position, je n'arriverai qu'à
m'envoyer le téléviseur sur la gueule, ou qu'à me le péter sur les
cuisses ou pire, et je démissionne.

L'agneau rit.
Il rit.
Il rit.
Je dépose l'appareil et je cours me doucher.
Je mets le volume de la radio de la salle de bain à dix pour
essayer de ne pas entendre les rires de l'agneau.
Je regrette un moment que le volume ne puisse aller jusqu'à
onze...

La question numéro huit de Rutherford Adams sur l'album *In
touch* : *What is your favorite vice ?* — *Never being naked.*
Il y a douze questions, douze pochettes.
Je les ai toutes !
Toutes les pochettes de tous les albums des Destructive
Emotional Peculiar Props.
Toutes !
J'ai la collection complète !

Tilt

EDGIE

J'en suis...
J'en suis à...

Ouf !...
Brown ne sais plus, là.
Il ne voit plus...
Il...

Ce que l'homme trouve dans les objets, ce n'est pas l'assurance de se survivre, c'est de vivre dès maintenant continuellement sur un mode cyclique et [de] contrôl[er] le processus de son existence[2].

Il ne sait plus, Brown.
Il n'y arrive pas.
Sandy is not going to school and Tom is staying home today.
They are sick, but Brown...
Ne sait plus

Je...
M'écoutez-vous ?
Bien sûr...
Bien sûr que vous m'écoutez.
Je suis con !
Mais pourquoi je vous parle ?
Pourquoi je vous parle ?
Ça n'a aucun sens.
Ça ne sert à rien.
Ça ne fonctionne pas.
Qu'est-ce que je veux ?
Qu'est-ce que je veux, hein ?
Ce que je veux n'intéresse personne.
Ce que je vous veux n'a aucun sens.
Pourquoi je vous parle ?
À quoi ça me sert ?
À quoi ça vous sert ?
Qu'est-ce que je veux ?
Qu'est-ce que je veux ?
Ce que je veux n'intéresse personne.
Rutherford Adams, what did you want ?
What did you want ?

Je veux être quelqu'un.
Trois fois sept ans.
Trois fois sept ans à travailler à devenir quelqu'un.
Quelqu'un pour n'importe qui.
Mais j'ai un agneau dans le cœur qui fait éclater et éclater la structure de Brown.

Qui en fait personne.
Voilà.
Personne pour tout le monde.
Mais quelqu'un... pour n'importe qui.
Brown veut être quelqu'un pour n'importe qui.

Devenir quelqu'un même pour presque personne, même pour
n'importe qui.
Il veut être quelqu'un, Brown, mais il a un agneau dans le cœur.
Agneau dans le cœur !
Agneau dans le cœur !

J'en suis à...
Je...
J'ai des pochettes...
Des pochettes de disques...

*Il faut se demander si la collection est faite pour être achevée, et si
le manque n'y joue pas un rôle essentiel [...]. Ce manque est vécu
comme souffrance mais il est aussi la rupture qui permet d'échapper
à l'achèvement de la collection qui signifierait l'élision définitive de
la réalité[3].*

J'en suis à...
J'en suis...

Scène 5

EDGIE

Ricardo S.
Seize ans.
Trouvé mort, tête arrachée, dans la voiture familiale.
Il laisse dans le deuil ses parents, trois petits frères et deux
petites sœurs.
Il avait seize ans.
Il était bon élève.

On ne comprend pas.

N'allez pas croire que je vous ai invités ici pour me plaindre,
pour jouer la victime de l'autre.
Non.
Vraiment.
Non.
C'est qu'il est là.
C'est tout.
Il est là.
Tout le temps et toujours et partout, où que j'aille et quoi que
je fasse.
Là.

Francis D.
Seize ans.
Bon élève.
Trouvé mort aplati dans la cour de son école, après avoir sauté
en pleine nuit du haut du toit.
On ne comprend pas.

Que je me baigne, que je saute, que je mange un baba au
rhum...
Là.
Il est là.
Dans les moments les plus intimes et les plus sombres, quand je
m'en fais du psoriasis de trop penser, mais que je m'obstine
quand même — parce que je trouve ça moins dommageable de
penser trop que pas du tout — et qu'en pleine pleine lune je
me demande, langue pendante : « Qu'est-ce que la vie ? »
Là.
Au plus clair de mes états de grâce, lorsque j'illumine tout le
salon de la brillance de mes idées, que je tiens en laisse effica-
cité, performance, plaisir et vertu, que je les fais s'accoupler en
gardant leurs petits que pour moi, que je m'envoie des pâtés de
maison, en entrée tellement je suis grand.
Là.
Que je chie, que je pisse, que je diarrhée...
Là.

Que je veille, que je dorme, que je Motel Canadian Inn...
Là.

Sylvette P.
Seize ans.
Bonne élève.
Trouvée morte calcinée dans les cendres du chalet de ses
parents.
On ne comprend pas.

J'ai continué à vivre.
J'ai passé toute ma vie avec un bon élève au cœur.
Avec le défaut de ma qualité, là.
Mais je suis resté coincé à l'âge de seize ans.
Et pendant vingt et une années comme ça, coincé.
Et encore, coincé.

Maïtée L.
On ne comprend pas.

J'ai essayé de m'en débarrasser, vous savez, mais c'est pas
évident.
Tenter de se débarrasser de l'agneau, c'est...
Immense !
Tenter de se débarrasser de l'agneau, c'est s'injecter un poison
mortel en espérant qu'il tue le petit bobo et pas nous.
Utopia.
Non-lieu.

Jean-Sébastien D.C.
On ne comprend pas.

Tenter de se débarrasser de l'agneau, c'est tenter au fer de se
friser les poils de l'estomac...
Et digérer plus distingué !
C'est une boucherie avec notre main au bout du couteau et
notre main au bout du couteau.

James K.
On ne comprend pas.
Christina J.
On ne comprend pas.

On bave.
On sue.
On sébum.
On suinte.
On chuinte.
On s'arrache la face.
On se met le pied dans la bouche, le doigt dans l'œil, le sel sur la langue.
On se met des pouces plein les mains, des larmes plein les bottes.
On marche un mille sur les genoux en chantant *Alouette*.
On plie l'échine.
On se parapluie dans le cul.
On pleure.
On batterie.
On se vend aux enchères.

Guy T.
On ne comprend pas.
Pierre-Patrick F.
On ne comprend pas.

On oublie et on recommence.
Et on se rend compte qu'on a besoin de lui... l'agneau...
Le défaut de notre qualité.

Rutherford Adams.
On ne comprend pas.
Bon élève.
On ne comprend pas.
On ne comprend pas.
On ne comprend pas.

On ne comprend pas.
Rutherford Adams.
Je comprends.
Bon élève.
Je comprends.

En juillet 1969, Lou Reed a enregistré, sur l'album *The Velvet Underground and Nico,* une courte chanson qui est devenue un succès du groupe.
Cette chanson, pour laquelle il signe officiellement les paroles et la musique et qui a été produite par Andy Warhol, lui a en vérité été donnée à 16 ans par sa « copine » de l'époque.
Malgré toutes ces années, malgré les liens solides et heureux qu'il avait avec cette personne, jamais Lou Reed n'a fait mention de ce don.
Il n'a jamais donné crédit au véritable auteur de cette chanson et jamais n'a-t-il versé de droit à cette personne qui s'appelle Ruth...
Rutherford Adams !

   Il chante.

I'll be your mirror
Reflect what you are
In case you don't know
I'll be the wind, the rain and the sunset
Lighten your door
To show that your home
When you think the night has seen your mind
There inside you twisted and unkind
Let me stand to show that you are blind
Please put down your hands
Cause I see you

I find hard
To believe you don't know
The beauty you are
But if you don't

Let me be your eyes
The end to your darkness
So you won't be afraid
When you think the night has seen your mind
There inside you twisted and unkind
Let me stand to show that you are blind
Please put down your hands
Cause I see you

I'll be your mirror
Reflect what you are
Reflect what you are
Reflect what you are

Rue Saint-Denis

Edgie-agneau

L'importance dans une plainte n'est pas tant de savoir à qui, mais pourquoi. Parce que de qui en qui, on ne s'en débarrasse que très rarement.

Freddy

Le mois dernier.
Encore seize ans malgré vingt et une années.
Ai rencontré, sur la rue Saint-Denis, Freddy.
Ai fait comme si je ne l'avais pas vu.
Suis entré dans une boutique « Nouvel Âge ».
Lui m'a suivi.
A remarqué que je feignais ne pas l'avoir vu sur la rue.

Il parle trop fort.
Tout le monde nous regarde.
Tous les vrais clients de la boutique Nouvel Âge, allez savoir comment les définir, tous les clients nous regardent.

Les trente kilos que Freddy a gagnés en vingt et un ans lui ont
donné du coffre quand même !

Ce que je deviens.
Il veut savoir ce que je deviens !

Devine...

Que je lui ai dit.

Je voudrais que tu devines.

Là, son visage s'est étiré sur la verticale d'un demi-pied et ses
oreilles se sont reculées un peu.
Bée.
C'est ça.
Il avait le visage « bée ».

C'est absurde.
Essaie.
N'importe quoi !
Que je m'occupe, ça ira.
Dis quelque chose, grande face « bée ».
Freddy !
Mais essaie !
Essaie, merde !
Pompier...
Classeur de chenilles...
Couvreur...
Couveur...
Professeur de yo-yo...
Implant mammaire...
Essaie !

Hé ! tu te souviens de la fête chez Anne-Claude Desparois ?
Hein ?
Hé ! hé !

La fête chez Anne-Claude Desparois...
L'image qu'il avait de moi était la même depuis tout ce temps.
Non seulement j'avais toujours seize ans, mais l'image qu'il
avait de moi aussi.
Dead in time.
J'étais...
Je suis...
Je ne veux plus...
Je n'en peux plus d'être, mais je le suis et j'en ai un mat de
catamaran dans le cul...
Assurément, décidément, irrémédiablement *dead in time.*

Freddy était incapable de se forger une image de moi autre que
celle-là.
Moi, je l'avais imaginé.
Lui, plus vieux.
Autrement.
Plus gros encore.
Avec une énorme bouche, des dents pointues...
Une femme entre chaque orteil.
Des tresses d'enfants dans les cheveux.
Il ne ressemblait pas à ça du tout.
Mais je l'avais imaginé.
Je le voyais travaillant sur une enclume à fabriquer des ailes aux
avions.
Lui non.
Lui n'arrivait pas à me voir autrement.
Je lui ai dit de me voir de n'importe quelle façon.
Bleu...
Jaune...
En bottes de pluie...
Pas grave.
Il n'a pas su.

Va.

Que je lui ai dit.

Va manger des nuages, Freddy.
Oublie les corps morts dans le temps de ta vie.
Oublie que tu as remarqué que j'ai fait semblant de ne pas te voir sur la rue Saint-Denis.
Va manger des nuages.
Va te mettre des femmes entre les orteils et fabriquer des ailes aux avions.
Va.
Moi...
Moi, je suis moi.
Et je suis la maison du gigot.
Va.
Fly.
Fly high.
Touch the sky.
Eat clouds like des barbes à papa.
Va...
Manger des nuages...

> Et j'ai acheté une roche, des bruits de vent sur disque.
> Et quelques heures plus tard l'album *In touch* question sept,
> pièce finale de ma collection.

> Et j'ai quitté la banlieue sud pour la rue Saint-Denis.

Scène 6

EDGIE

C'est suite à cette rencontre que j'ai décidé de vous inviter ici.
De vous raconter cette histoire.
Mon histoire.
Et de vous la donner.
Parce que je vous l'ai dit, je donne mon histoire.
Vous pouvez la garder.
Elle est à vous.
C'est pas une grande histoire.

Et j'en ai retranché de grands bouts.

Mais tiens, je vais vous raconter un passage heureux.

Le passage le plus heureux de toute mon histoire d'ex-humain-de-la-banlieue-sud-maintenant-habitant-de-la-rue-Saint-Denis.

Et vous le garderez aussi.

C'est l'été.

Il fait très chaud dans mon appartement en ce début d'après-midi, alors je suis dehors, à l'ombre, sur mon balcon capoté de la rue Saint-Denis à Montréal.

Il se passe, loin de moi dans le monde, la finale de la Coupe mondiale de soccer.

L'Italie, quand même pas la porte à côté !

L'Italie rencontre le Brésil.

Le soccer n'est pas important dans mon histoire.

L'endroit où se tient la finale non plus.

Je ne me rappelle plus si c'est aux États-Unis ou en Amérique du Sud...

En tout cas.

États-Unis, je crois.

L'équipe de soccer d'un pays rencontre celle d'un autre pays dans un stade situé dans un troisième pays, et moi, j'ai chaud sur mon balcon capoté dans un quatrième pays.

Et dans ma ville, on se croirait au stade pendant la finale.

Des voitures remplies d'Italiens ivres, drapeau de leur pays en main, klaxonnent en sillonnant les rues.

Les Brésiliens affichent aussi leurs couleurs, crient, bourrasquent sur les trottoirs.

Montréal est une foire.

Le vert, le blanc, le jaune, le bleu.

Les couleurs sautent, courent, font des danses en ligne.

Les pneus crissent.

Et à l'annonce du résultat final, résultat qui déclare le Brésil champion du monde de soccer, le plus joyeux bordel de klaxons.

Et moi, je me fous toujours aussi carrément du soccer, mais l'air de ma rue se trouve si tendu que de grandes lignes se tracent dans le ciel entre les édifices.

De grandes cordes à linge de jubilation.

On y accroche sourires, oriflammes et chansons à boire.
Je ris.
Je trouve tout ça très beau.
Et je voudrais qu'on m'épingle sur une de ces cordes au-dessus
de la rue.
Là, toute une famille de Brésiliens, du plus petit au plus grand,
toute la famille !
Un vieux tout gris, des la-couche-aux-fesses, des cadets de
famille...
Une douzaine de Brésiliens sortent d'en face de chez moi et
descendent dans la rue pour danser en chantant « Brazil, Brazil,
Brazil ».
Ils bloquent la circulation.
Et moi, je ne savais même pas que mes voisins étaient Brési-
liens !

Au téléjournal de fin de soirée, j'ai pu voir d'autres images des
festivités qui se sont poursuivies dans ma ville pour se terminer
dans la nuit.
Devant mes voisins qui dansaient dans la rue, et plus tard
devant le téléjournal, j'ai été envahi par un sentiment intense de
bonheur.
Je me trouvais ridicule.
Complètement imbécile.
Je n'étais ni Italien, ni Brésilien, je ne m'intéressais pas au
soccer, mais j'étais pris d'un frisson chaud qui me chatouillait
l'échine.
Ma ville était une bâtarde !
Et je trouvais ça beau !
Tout le charme de ma ville s'ouvrait là devant mes yeux avec la
porte d'entrée de mon voisin d'en face.
Ma ville était un centre pour l'Italie, le Brésil et tous les autres
pays intéressés par la Coupe.
Et moi, j'étais assis sur mon balcon et je régnais sur ce centre.
J'étais roi bâtard !
Et j'aimais ça comme un désaxé.
Roi bâtard !

Puis je me suis imaginé, tout de brun vêtu, dansant avec mes voisins.

Puis je me suis imaginé complètement nu, suspendu sur une corde au-dessus de la rue criant avec désespoir : « Agneau dans le cœur ! J'ai un agneau dans le cœur ! »

Puis j'ai imaginé mes voisins continuer de rire et de danser en me répondant : « Si. Si, agneau dans le cœur... »

Puis je les ai vus me descendre de ma corde et me faire danser avec eux.

Et je suis tombé amoureux de ma ville.

Voilà.

C'est...

C'est le passage le plus heureux de mon histoire.

J'ai été roi bâtard.

Le temps d'une nuit.

J'ai maintenant une collection complétée.

Il faut se demander si la collection est faite pour être achevée[4].
Sans doute est-ce [...] la fonction fondamentale de la collection
[que de] résoudre le temps réel en une dimension systématique[5].

Depuis longtemps, mais depuis trois fois sept ans que j'ai seize ans plus un agneau dans le cœur.

J'ai un bon élève au ventricule gauche.

Qui fait encore des siennes et des siennes.

Et avoir un bon élève au cœur, *it can make you easy dead in time.*

And I am a fucking spastic dead in time.

Et si je vous ai invités ici ce soir, c'est que j'ai décidé, moi, de ne plus avoir seize ans.

De ne plus être l'homme qui a le défaut de sa qualité.

De laver des regrets.

J'avais de collants grumeleux regrets au cul et sous les ongles et derrière les oreilles.

Mais je les ai lavés.

Je vous ai raconté l'histoire de l'agneau, l'histoire de mes regrets

et un passage heureux.
Et je vous donne tout ça.
C'est une histoire.
C'est mon histoire.
Je vous la donne.
Voilà.

Et j'ai une collection à vendre...
À donner même : quatre cent trente-six magnifiques pochettes
de disques.
Et aujourd'hui, j'ai dix-sept ans.

J'aurais voulu qu'on fasse une fête.
Qu'on mange du gâteau.
Et qu'on fasse une fête.

Ça se collectionne, des roches ?

Notes

[1] BAUDRILLARD, Jean, *Le Système des objets,* Paris, Gallimard, coll.
« Tel », 1968, pp. 283 et 121.

[2] *Op. cit.,* p. 136.

[3] *Op. cit.,* pp. 130-131.

[4] *Op. cit.,* p. 130.

[5] *Op. cit.,* p. 135.

L'Entrevue

PERSONNAGES

Nom : JAMAIS [PETIT]

    Âge : 44 ans.

    Description physique : Petit. Ses cheveux sont très longs et séparés au centre.

    État civil : Célibataire.

    Occupation : Ex-président de compagnie. Compagnie minable de vente de chaussures usagées.

    Résidence : Petit appartement en ville, sale et vieux.

    Famille d'origine : Parents très riches. Ont tous les deux un métier important. Un frère beaucoup plus vieux, lui aussi très brillant, commissaire aux droits de l'être humain.

    Traits marquants : Paranoïaque. Se gratte de façon excessive.

    Dossier affectif : N'a qu'un ami : Parfois.

    Projet : Devenir assistant. Pour ce faire, il a tout vendu, cassé son bail, son cochon et payé son voyage ainsi que celui de Parfois.

    Autre : À huit ans, on le greffe au voisin devenu orphelin parce que celui-ci est bien élevé et que Jamais ne l'est pas, puis on les laisse tout seuls se débrouiller dans la vie.

Nom : PARFOIS [GRAND]

    Âge : 41

    Description physique : Très grand. Ses cheveux sont et très longs séparés au centre.

    État civil : Célibataire.

    Occupation : Ex-vendeur de chaussures usagées. Il a été *shoeshine boy* longtemps.

    Résidence : Petit appartement en ville, sale et vieux.

    Famille d'origine : Parents ordinaires, très chaleureux, revenu moyen. Ils sont morts dans un accident de voiture quand il avait cinq ans.

    Traits marquants : Tendre et sensible. Il parle, déparle, fume.

    Dossier affectif : Il a eu une blonde. Elle a été vendue aux

Japonais.

Projet : Devenir deuxième assistant pour suivre Jamais.

Autre : À cinq ans, les voisins le prennent en charge grâce à un arrangement spécial avec la Commission des droits de l'être humain. Ils le greffent à leur fils parce qu'il est bien élevé et que leur fils ne l'est pas, puis les laissent tout seuls se débrouiller dans la vie. Il suivra Jamais partout.

ACTE UNIQUE

Salle d'attente. Une porte au centre d'un mur. Un tabouret.
Un homme et un autre beaucoup plus grand. Leurs cheveux
sont très longs et séparés au centre. Un côté des cheveux pend :
le droit pour le petit et le gauche pour le grand. L'autre côté lie
les deux hommes, sans nœud, comme si les cheveux poussaient
d'une tête à l'autre en gardant toujours la même distance en-
tre les deux. Ils portent tous les deux des habits trop grands.
Ils dorment. Le grand se réveille. Il réalise que le petit est couché
sur lui. Il le prend dans ses bras et le dépose en prenant soin de
ne pas le réveiller. Le grand se lève, marche. Ses cheveux le re-
tiennent et il tombe sur le dos. Il se relève, réfléchit. Le petit se
réveille à son tour. Il se lève et fait quelques pas. Ses cheveux le
retiennent et il tombe sur le dos. Il se relève, réfléchit. Il tente
de marcher dans une autre direction. Ses cheveux le retiennent
et il tombe de nouveau sur le dos. Il se relève une fois encore
et, choqué, court en rond autour du grand. Les cheveux s'en-
roulent et le grand tombe. Celui-ci lève et se défait des che-
veux. Il saisit le petit, le dépose, s'assoit dessus. Il sort un pa-
quet de cigarettes de sa poche, fume. Quand le petit s'est calmé,
le grand se lève.

PETIT. — Ce n'est vraiment pas le moment de plaisanter ! Tu as
    envie que ça rate ? *(Il grogne.)* Tu as bien surveillé au moins ?

GRAND. — Si on jouait au meunier et au roi qui fait clip-clap, tu
    veux ?

Le grand sort un caleçon de sa poche. Il le met sur sa tête, puis
commence un mouvement de bras qui imite celui d'un moulin.
Le petit prend le tabouret. Il s'approche du grand, monte sur

le tabouret et lui parle nez à nez.

Petit. — Un, c'est un jeu stupide. Deux, nous avons beaucoup d'autres choses à régler avant de jouer au roi qui fait clip-clap. Trois, tu ne m'as pas répondu. As-tu surveillé comme il le fallait ? Parce que ça serait con d'avoir marché pendant trois jours et de manquer le rendez-vous, tu ne penses pas ?

Grand, *arrête son mouvement et range le caleçon dans sa poche.* — Je… Je me suis endormi.

Petit. — Je le savais, je le savais. Tu es aussi intelligent qu'une roche ! J'aurais dû y penser. On ne peut pas se fier à une roche.

Grand. — Je ne l'ai pas fait exprès.

Petit. — Tu devais veiller pendant que moi, je dormais ! Et s'il est venu cette nuit, hein ? S'il est entré et qu'il nous a vus dormir, que crois-tu qu'il pense de nous ?

Grand. — Que nous sommes fatigués ?

Petit. — Il doit sûrement croire que nous sommes bons à rien maintenant, sauf à dormir peut-être. S'il est venu, c'est foutu ! Il nous a certainement rayés de la liste. Mais pourquoi faut-il que tu rates toujours tout ?

Le grand pousse le tabouret. Le petit tombe. Le petit donne un coup de pied au grand. Le grand rend ce coup de pied au petit. Le petit se met à courir autour du grand, essaie de le faire tomber. Le grand comprend. Il tourne sur place, suit le mouvement du petit. Le petit s'essouffle et tombe, épuisé. Le grand, en tirant sur ses cheveux, ramène le petit à lui, s'assoit dessus. Il sort un paquet de cigarettes de sa poche. Fume.

Grand. — Tu m'énerves avec tes questions. *(Silence.)* Aïe ! *(Il se lève d'un coup.)* Tu m'as mordu.

Petit. — Eh oui ! *(Il se lève à son tour.)*

Grand. — Tu m'as mordu.

Petit. — Que veux-tu ?

Grand. — Mais tu m'as mordu ! *(Il se tripote le derrière.)*

Petit. — Je suis désolé. Je t'ai abîmé le… oui ?

Le grand grogne. Il est en furie. Il cherche visiblement à se venger. Il essaie de saisir le petit. Le petit ne se laisse pas attraper. Poursuite.

Petit. — Ce n'est qu'une morsure anodine. J'ai à peine goûté.

GRAND. — Espèce de moignon !

PETIT. — Cesse de t'énerver, il te verra et il ne voudra pas de toi.

GRAND. — Tu es stupide !

PETIT. — Quelqu'un m'a dit qu'il est invisible et qu'il voit tout ce qui arrive ici.

GRAND. — C'est impossible. Toi-même, tu me l'as dit.

PETIT. — Bon d'accord, mais réfléchis. Si tu paniques, tu souilles ta réputation. Tu ne seras jamais respecté et tu ne pourras jamais être un bon deuxième assistant, car tous les bons deuxièmes assistants savent se faire respecter.

GRAND. — Ça m'est égal.

PETIT. — Alors donne un grand coup : ne me laisse pas souffrir.

Le petit s'arrête. Le grand saute sur le petit. Celui-ci lui passe entre les jambes et court. Le grand, tiré par les cheveux, tombe sur le dos en faisant une pirouette, perd connaissance. Silence. La porte s'ouvre, puis se referme. Le petit sursaute. Il cherche aux alentours, ne trouve personne, réfléchit. Il va au grand, essaie de le réveiller.

PETIT, *en chuchotant au grand qui demeure inconscient.* — Je crois bien que c'est lui. Réveille-toi ! Je suis sûr que c'est lui. Il ne faut pas qu'il te voit comme ça. Rappelle-toi. Ne sois pas bon qu'à dormir ! *(En l'air, nerveux.)* Bonjour. Très content que vous soyez là. Nous arrivons de l'est... Pour l'entrevue. C'est bien ici, n'est-ce pas ? *(Il attend une réponse. Elle ne vient pas.)* Est-ce que je m'assois ? Ou peut-être préférez-vous que l'entrevue se fasse debout ? Ça m'est égal, vous savez. Assis, debout, c'est pareil. Je suis plus petit assis, mais ça ne m'empêchera pas de vous parler de la même façon... Alors je resterai debout. *(Il rit.)* Oui, debout. C'est plus droit. Ce que je veux dire, c'est que debout, on est plus droit qu'assis. À cause de l'angle. Assis, c'est l'angle qui est droit et pas nous. Préférable que ce soit nous, n'est-ce pas ? À quoi servent les angles de toute façon ? Bon...

Silence. Il regarde le grand, lui donne un coup de pied. Le grand est toujours sans connaissance.

PETIT. — Je vous ai apporté mon papier.

Il sort un papier de sa poche, le défripe. Il cherche où le déposer, ne trouve pas.

PETIT. — Bien, je vais vous le lire. *(Il le lit en tournant autour du grand. Il prend des poses de star.)* Apparemment, je ne suis qu'un homme normal, constitué des mêmes éléments que tous les hommes, c'est-à-dire : l'eau, la terre, l'air et le feu. À preuve : mon corps est composé à soixante-quinze pour cent d'eau, j'ai de la terre sous les ongles, mes poumons se remplissent d'air et j'ai facilement le feu au cul. Mais mes agissements sont ceux d'un être supérieur, d'une personne empreinte d'imagination, de sensibilité, d'astuce et de goût.

Le grand se réveille, s'assoit. Le petit continue son discours. Il s'emporte de plus en plus.

PETIT. — À treize ans, j'ai même sauvé un homme de la mort. Eh oui ! un vrai homme, un sans-cervelle, mais un homme quand même, qui traversait comme ça la rue dans laquelle je m'étais engagé avec la voiture de papa. J'ai klaxonné à plusieurs reprises pour lui signifier que je ne savais pas où se situaient les freins. Le klaxon a fait pffuitttt et l'homme ne m'a pas compris. Tout ce qui arrivait sentait la catastrophe. Mais soudain, j'ai eu cet éclair de génie. J'ai fait un plus un, ça m'a donné deux, et voilà l'homme qui continue son chemin, bien vivant, souriant et sifflotant sa joie de n'être pas mort.

Le grand se lève. Il sort de sa poche un rouleau de sparadrap. Il en découpe un bout, le tient de la main droite. Il saisit le petit de la main gauche, le soulève.

PETIT. — Combien de personnes parmi toutes celles que vous connaissez, ou que vous pourriez connaître, avaient à treize ans un sens pratique aussi fort et une connaissance des mathématiques si développée ? Avez-vous déjà vu...

Le grand colle le sparadrap sur la bouche du petit.

GRAND. — Ta gueule ! Tu le sais, je déteste cette histoire.

Le petit fait de grands signes au grand. Le grand essaie de comprendre, puis abandonne et décolle le sparadrap de la bouche du petit.

PETIT. — C'est lui, il est là !

GRAND. — Lui ?

PETIT. — Le patron ! Je suis sûr que c'est lui. La porte s'est ouverte et tout de suite, j'ai su qu'il était là. Je lui ai lu mon papier. Vas-y, c'est à toi maintenant. Lis ton papier ! Allez, vas-y ! Lis

ton papier ! Mais qu'est-ce que tu attends ? Je te dis que c'est
lui ! Lis ! Lis ! *Le grand recolle le sparadrap sur la bouche du petit, le saisit,
le dépose et s'assoit dessus. Il cherche aux alentours, ne trouve
personne. Il sort un papier de sa poche, le défripe. Il le lit en
s'adressant au tabouret. Il est très gêné.*

GRAND. — Bon. J'ai… je enfin, c'est de moi que, que… *(Le petit
se débat énergiquement.)* Puisqu'il faut le mentionner, je suis
en mesure de pa… de parler les deux langues, soit la seconde
et la première, que je… je maîtrise mieux que les autres. Oui.
Ce n'est pas que je… *(Il reçoit un coup de pied du petit.)* Aïe !
Que j'aille… venu ici. Bref, il me ferait plaisir de… de deve-
nir deuxième assistant et… *(Il reçoit un autre coup de pied.)*
Merde ! Et merdecredi serait un bon jour pour commencer.
Je… *(Nouveau coup de pied.)* Ah ! *(Il se lève.)* Ah ! c'est assez !
Je n'arrive pas à me concentrer. Laisse-moi parler. Tu as eu
ton tour. Merde ! J'y arriverai jamais. *(Il pleure.)* Merde.
Merde. Merde. Merde.

PETIT, *essaie de parler, puis enlève son bout de sparadrap.* — Toi !
Si tu fais tout rater, je te… je te… On réussira. De toute façon, on n'a plus le choix. Toi autant que moi. Tu verras, tout
ira bien. Je deviendrai assistant et j'aurai un képi avec mon
nom dessus et toi, tu seras deuxième assistant, et t'auras aussi
un képi. Tout ira bien. Tout ira bien. *(En l'air, comme s'il par-
lait à un enfant.)* Avez-vous bien entendu notre papier ? En
êtes-vous satisfait ? Oui ? Ne soyez pas pressé !

*Silence. Une petite enveloppe descend des cintres au-dessus de
la tête du petit. Il la saisit, en fait la lecture. Le grand pleure
toujours.*

PETIT, *vers le plafond.* — Bon, d'accord… Patron ! *(Il réajuste ses
vêtements. Cherche aux alentours, ne trouve personne. Son de
cloche, puis en pointant du doigt le grand.)* Vous, la larve. La
glande, on vous appelle.

GRAND. — Qu'est-ce que c'est ?

PETIT. — C'est moi qui parle. Qu'est-ce que vous étiez en train
de faire ?

GRAND. — Rien. Je pleurais.

PETIT. — Rien, chef. Je pleurais, chef, parce que je ne sais rien faire d'autre de plus intelligent que de sécréter, chef, et qu'il m'est plus facile, chef, de brailler, chef, comme un crocodile, chef, que de chercher, chef, une solution, chef, à mon problème, chef.

GRAND. — C'est trop long.

PETIT. — Rien, chef.

GRAND. — Rien, chef. *(Il rit.)*

PETIT. — Silence ! À genoux.

GRAND. — Mais...

PETIT. — J'ai dit : à genoux. *(Le grand se met à genoux.)* Sortez la langue. *(Il sort la langue.)* Maintenant, essayez de parler. *(Il essaie.)* C'est bien. Ah ! comme ça, on ne faisait rien ! Comme ça, on se laissait tranquillement vieillir ! On attendait paisiblement de mourir, sans même payer pour tout ce que la vie nous donne.

GRAND, *langue pendante.* — Pas exactement.

PETIT. — Mais c'est affreux de dire des choses semblables. La vie, monsieur, est ce que l'on possède de plus cher. La vie, monsieur, il faut la payer. Et ça ne se fait pas comme ça.

GRAND. — Je sais.

PETIT. — Et le savoir. Le savoir ! Le sa-voir ! Savez-vous ce que c'est que le savoir ? Le savoir, monsieur, c'est l'avenir. Le destin réside dans le savoir. Qui a écrit *Guerre et Paix* ?

GRAND, *toujours avec la langue qui pend.* — Un Russe.

PETIT. — Je regrette, je ne parlais pas de géographie, mais de littérature. Sauriez-vous me dire combien font trois et huit et quinze et soixante-quatre sur deux ?

GRAND, *encore la langue.* — Et soixante-quatre sur deux ou et soixante-quatre, sur deux ?

PETIT. — Alors ?

GRAND. — Quarante-cinq ou cinquante-huit.

PETIT. — Eh bien, vous avez tort. L'important n'est pas de savoir combien cela fait, car de nos jours, les mathématiques ne se calculent plus en chiffres, mais en lettres. Elles se rapprochent donc plus de la littérature que de la philosophie. Debout. *(Le grand se lève.)* Faites-moi un entrechat. *(Le grand se met à quatre pattes.)*

GRAND. — Miaou ?

PETIT. — Comment ?

GRAND. — Miaou, miaou, miaou ?

PETIT. — J'ai dit un entrechat !

GRAND. — Mia… ou ?

PETIT. — Vous êtes un imbécile. Assis.

Le grand va au tabouret, s'excuse envers la personne qu'il croit assise là, s'assoit.

PETIT. — Debout. *(Le grand fera tout ce que lui demandera le petit, langue sortie.)* Assis. Debout. À genoux. Debout. Riez. Saluez. Faites le pitre. Assis. Tapez du pied. Criez au secours. Debout. On fait le petit train. Couché. Faites le chien. Debout. Riez. Assis. Faites le pitre. À genoux. Dites : « À bas les ministres. » Assis. Pleurez. Debout. Administrez-vous un coup de poing. Couché. Riez. Debout. Faites le pitre. Assis. Couché. Debout. Assis. Debout. À genoux. Couché.

Son de cloche. Le grand se lève, rentre la langue. Le petit, épuisé, s'assoit sur le tabouret. Silence.

GRAND. — Ça y est ? Il nous a vus ? Il nous a vus, hein ?

PETIT. — Oui, il nous a vus.

GRAND. — T'es content ? J'ai été bien ?

PETIT. — Parfait.

GRAND. — Bon, alors on s'en va.

PETIT. — Quoi ?

GRAND. — J'ai vraiment envie de partir, tu sais.

PETIT. — Après tout ce que j'ai fait ? Oh toi ! Ne me cuisine pas ce coup-là, ce n'est pas le moment. Toute ma vie, j'ai été là pour toi, toute ma vie.

GRAND. — Je le sais, je t'en remercie…

PETIT. — Non, tu ne m'en remercies pas. Tu ne comprends même pas ce que je suis en train de réaliser pour nous. Tu es une mule.

GRAND. — Peut-être. Partons.

PETIT. — Non, on attend. *(Silence.)* Tu ne seras jamais deuxième assistant.

GRAND. — Ça m'est égal.

PETIT. — Ta gueule !

GRAND. — Je veux partir.

PETIT. — Eh bien, va t'en. D'accord, file. De toute façon, tu ne sais même pas où aller. *(Il crie.)* Disparais !

GRAND. — *(Silence.)* Je voudrais que tu viennes avec moi.

PETIT. — Je t'ai dit de partir !

GRAND. — Bon.

Le petit s'agrippe rapidement à ses cheveux et au tabouret. Silence. Le grand reste immobile, se met à pleurer. Une grande lettre descend des cintres au-dessus de la tête du grand. Il la regarde un instant, hésite, puis la saisit et en fait la lecture. Il regarde le petit, inquiet.

GRAND. — C'est à moi. C'est à moi. *(Son de cloche.)* Euh... Euh... *(Long silence. Le petit lui fait des grands signes.)* Bon, maintenant, on écoute, parce que c'est sérieux. Vous, là. Qu'est-ce que vous faites là ?

PETIT. — Je suis assis.

GRAND. — Très bien.

PETIT. — Non, pas très bien ! Fais comme je t'ai dit... et cesse de pleurer.

GRAND. — C'est vrai. *(Il se concentre. Son expression change. Il essaie d'avoir l'air méchant.)* Ah ! comme ça, on est assis. Ce n'est PAS très bien, vous savez.

PETIT. — Continue.

GRAND. — Et comment épelle-t-on ça, assis ?

PETIT. — A-s...

GRAND. — C'est moi qui parle ! On épelle ça avec cinq lettres ; ce qui est beaucoup plus que ici, qui s'épelle avec seulement trois.

PETIT. — Encore, tu y es presque.

GRAND. — Cinq lettres, monsieur ! Cinq ! Cinq !

PETIT. — Change de sujet.

GRAND. — Pourquoi puez-vous autant ?

PETIT. — Parce que j'ai eu chaud ?

GRAND. — Eh bien non ! Vous puez parce que vous essayez de me faire croire que vous travaillez fort et que cela vous donne chaud. Voilà pourquoi.

PETIT. — Plus, plus...

GRAND. — Savez-vous combien il y a d'enfants qui meurent de chaleur chaque jour dans ce pays ? Nous manquons de médecins pour les sauver, et vous, vous êtes là, à faire semblant. Quelle honte ! un homme de votre âge ! Levez-vous. *(Le petit se lève, le grand s'assoit.)* Baissez votre pantalon.

PETIT. — Mais pourquoi ? *(Il baisse son pantalon.)*

GRAND. — Taisez-vous, infanticide. Couché. *(Le petit se couche sur les genoux du grand qui lui donne la fessée.)* Voilà ce que vous méritez. Répondez : une fois trois ?

PETIT. — Trois.

GRAND. — Deux fois trois ?

PETIT. — Six.

GRAND. — Soixante-dix-neuf fois trois ?

PETIT. — Deux cent trente-sept.

GRAND. — Cent vingt-huit fois trois ?

PETIT. — Trois cent quatre-vingt-quatre.

GRAND. — Quatre cent soixante-sept fois trois ?

PETIT. — Mille quatre cent un.

GRAND. — Deux mille huit cent trente-six fois trois ?

Son de cloche.

PETIT. — Huit mille cinq cent huit. C'est fini !

GRAND. — Un million six cent cinquante-huit mille quatre cent sept fois trois ?

PETIT. — Arrête ! Terminé. C'est assez !

Le petit se relève, remonte son pantalon. Le grand continue le mouvement de la fessée, en decrescendo, jusqu'à ce qu'il s'arrête complètement.

GRAND. — Huit milliards sept cent vingts deux millions trois cent dix-huit mille cinq cent vingt-sept fois trois ? Une femme et un oursin fois trois ? Fois trois…

Silence.

PETIT. — J'espère qu'il a apprécié. *(Silence.)* Tu n'étais pas obligé de me battre, tu sais.

GRAND, *débiné.* — Pardonne-moi. Je ne me sens pas très bien.

PETIT. — C'était pour faire vrai ?

GRAND. — Je m'ennuie. Je voudrais qu'elle soit ici.

PETIT. — Avoir su que tu avais si peu de contrôle, je me serais mieux équipé.

GRAND. — Elle me dirait comment je suis et ce serait facile après.

PETIT. — Je me demande si tous les assistants savent compter aussi vite que moi.

GRAND. — Parmi toutes les femmes que je côtoyais et même celles que je ne côtoyais pas, c'est elle que j'ai choisie.

PETIT. — Est-ce que c'est vrai que je pue ? Non. Tu me l'aurais dit plus tôt. L'idée n'était pas mauvaise, quand même. Chapeau.

GRAND. — J'espérais tant que ce soit elle. Mais je n'avais pas confiance. Je me disais : « On souhaite toujours la rencontrer, mais on ne la trouve jamais. Ce ne sera pas elle. »

PETIT. — C'est une chance que je t'aie tout expliqué pendant le voyage, tu es tellement maladroit !

GRAND. — On a quand même commencé à se fréquenter régulièrement. C'est moi qui voulais ça ; pour que ce soit plus sérieux.

PETIT. — Tu imagines si tu étais resté figé ? Tu sais, comme ça, la bouche ouverte ? *(Il rit.)*

GRAND. — Et puis, un jour, je lui demande simplement : « Pourquoi m'aimes-tu ? » Comme réponse, j'attendais une suite de compliments gentils qui m'auraient fait du bien. J'attendais son sein si rond pour appuyer ma grosse tête triste.

PETIT. — Figé… *(Il rit.)* Figé… *(Il rit et rit.)*

GRAND. — Ce que j'attendais, tu me l'aurais donné, toi, sauf le sein peut-être… Mais elle ? Cinq mots !

PETIT, *qui rit encore*. — Figé, avec les mouches : bzzzz.

GRAND. — Je pense souvent à ces cinq mots : « Parce que je t'aime ! »

PETIT, *plié en deux*. — Bzzzz…

GRAND. — Comme si elle avait pris un miroir pour me montrer mon visage et qu'elle m'avait dit : « Regarde. C'est toi, et je t'aime. »

PETIT. — Ha ! ha ! ha ! *(Il reprend peu à peu son sérieux.)*

GRAND. — Je vivais, je le sais bien, mais on ne me l'avait jamais prouvé, pas comme ça. Et elle, elle m'a donné ce petit coup de pied.

Silence. Le petit prend ses cheveux, s'en fait une écharpe et/ou une jupe. Sa démarche devient celle d'une femme, sa voix aussi.

PETIT. — Mon petit rot ?

GRAND, *souriant.* — Oui ?

PETIT. — Je m'ennuyais de toi, mon petit rot !

GRAND. — Moi aussi, de toi. *(Il voit le petit.)* Elle est beaucoup plus élégante que cela.

PETIT. — Je sais. Fais semblant !

GRAND, *hésitant.* — Bon.

PETIT. — Tu as l'air tout triste, pauvre petit rot. Tiens, prends mon sein.

GRAND. — T'es con.

PETIT. — Mais non. Fais-le. Allez, appuie ta grosse tête, mon petit. Ça va mieux ?

GRAND. — Oui, oui.

PETIT. — Tu es si fragile. Ton petit ami n'est pas là ?

GRAND. — Il est dehors.

PETIT. — Il reviendra ?

GRAND. — Il revient toujours.

PETIT. — Ça, c'est bien. Je m'ennuie de lui aussi.

GRAND. — Pourquoi ?

PETIT. — Oh ! tu sais…

GRAND. — Non ?

PETIT. — Tu t'endors si rapidement…

GRAND, *choqué.* — De quoi tu parles ?

PETIT. — Tu sais bien. Et puis, oh, enfin, il est si beau quand il est nu.

GRAND. — Cesse ton jeu !

PETIT. — J'espère que tu n'es pas choqué. Tu sais ce que c'est que d'être seul.

GRAND. — Et moi ?

PETIT. — Toi ? Je t'adore !

GRAND. — Arrête.

PETIT. — Et ses mains, ses mains ! J'espère qu'il ne les a pas abîmées…

GRAND. — Tais-toi !

PETIT. — Mais quand est-ce qu'il revient ? Il en met du temps.
GRAND, *saisit le petit à la gorge.* — S'il continue comme cela, il
ne reviendra pas tout de suite.
Silence. Fin du jeu.
PETIT. — Chaque soir, quand tu dormais, elle venait près de moi.
Chaque soir, elle me disait comme il faisait froid et comme
tu dormais profondément. La voilà, celle qui t'aime...
GRAND. — Je te déteste.
PETIT. — Je sais.
*Long silence. Le petit s'éloigne, réfléchit. Il a une idée. Il cher-
che aux alentours, ne trouve personne. Il sort de sa poche un
caleçon qu'il met sur sa tête. Il cherche de nouveau aux
alentours, ne trouve toujours personne. Il prend une pose
étrange, regarde le grand, puis commence une marche militaire
bizarre.*
PETIT. — Clip-clap, clip-clap, clip-clap. *(Il s'arrête et regarde une
fois de plus le grand.)* Oh ! je suis fatigué de mon nom. C'est
un nom qui fait bien trop de bruit et j'ai besoin de sommeil.
Je suis Willy le Sixième, roi d'Espagne, dit Patte-de-chaudron.
Ah ! *(Il se bouche les oreilles.)* Ces guerres m'ont épuisé. Je suis
las et malade. J'ai des hernies étranglées carabinées par ces dé-
tracteurs qui ont tué mon armée et ce damné moulin m'empêche de dormir. Je m'en vais faire exécuter le meunier. Je suis
le roi d'Espagne, après tout ! *(Silence.)* C'est à toi. *(Le grand
reste immobile.)* Allez. *(Le petit va au grand. Il fouille dans la
veste de celui-ci, en sort un caleçon. Il le lui place sur la tête et
lui fait tourner les bras de façon à imiter le mouvement d'un
moulin.)* Vas-y ! Je suis un honnête homme...
GRAND, *avec très peu d'enthousiasme.* — Je suis un honnête
homme...
PETIT. — Et mon moulin sert mon travail. Tu te décides ?
*Silence. Le grand enlève le caleçon de sa tête, le remet dans sa
poche. Silence.*
PETIT. — C'est le jeu que tu préfères[1].
GRAND. — Je sais. Je n'ai pas envie de jouer. *(Silence.)* Pourquoi
me l'as-tu dit ?
PETIT. — Quand je serai assistant, je devrai dire les choses. Cel-

L'ENTREVUE

les qui vont, comme celles qui ne vont pas. Ce sera pareil pour toi. Ce n'est pas toujours drôle, tu sais. Aussi bien te préparer tout de suite. De toute façon, il fallait bien que tu le saches un jour ou l'autre.

GRAND. — C'est vrai.

PETIT. — Tu seras beaucoup mieux, maintenant. Moi aussi.

GRAND. — Tu as sans doute raison.

PETIT. — Tu l'aimais ? Vraiment ? Tu veux que je te dise ? Elle n'était pas faite pour toi.

GRAND. — Qu'est-ce que tu en sais ?

PETIT. — Tu es quelqu'un de bien.

GRAND. — Non.

PETIT. — Si ! Si, tu es bien ! Tu fais toujours attention à tout, tu es indulgent envers moi et les autres, tu respectes les gens, tu ne te plains jamais, tu prends un bain chaque jour... Tout le monde voudrait être comme toi.

GRAND. — Toi aussi ?

PETIT. — Oui. Et toi ?

GRAND. — On s'y fait.

Silence. Le grand s'assoit. Il enlève ses souliers, puis ses bas. Sous ses bas, une autre paire de bas. Il l'enlève aussi.

GRAND. — Tu te rappelles de Siphonne ? Tu l'aimais beaucoup, hein ?

PETIT. — Oui.

GRAND. — Comme tu étais content quand elle a accouché !

PETIT. — Oui, je me souviens. Huit petits chéris !

GRAND. — C'est triste qu'ils soient tous morts.

PETIT. — Oui.

GRAND. — Neuf Siphonne, c'était trop, quand même.

PETIT. — Peut-être.

Le grand enlève une troisième paire de bas. Il porte neuf paires, les enlève toutes.

GRAND. — C'est Pato qui est mort le premier ?

PETIT. — Non, c'est Mich.

GRAND. — Mich... Ma cuisine l'a probablement rendu malade.

PETIT. — Tu lui as donné à manger ?

GRAND. — Oui. Il l'a mal digérée, hein ? Et pour qu'il ne contamine pas les autres, on l'a tué. Tu te souviens ? Pato, n'aimait pas ma nourriture non plus. Ni Spickel ni Formanne... Quelle épidémie !

PETIT. — Et Siphonne, c'était toi aussi ?

GRAND. — J'attendais ça depuis longtemps. J'ai pensé à toutes les façons de le faire : noyée dans le bain ou bien brûlée vive, ou encore cuite au four...

Le grand est maintenant pieds nus. Il se délasse les orteils.

PETIT. — Arrête, t'es dégueulasse !

GRAND. — Je lui ai simplement ouvert la fenêtre de l'appartement. Je savais bien qu'elle finirait par s'approcher. J'ai tiré le fauteuil et j'ai attendu. Toi, tu dormais à côté. Quand elle a sauté sur le rebord, j'ai hésité un moment. Je la revoyais comme la première fois dans cette vitrine, qui pleurait, qui pleurait. Et tes yeux ! Tu n'avais jamais été comme ça avant. Je ne pouvais pas croire que tu étais capable de t'émouvoir pour un chat, un simple chat, sale en plus, qui n'était même pas mignon, qui était maigre avec un visage tout étiré. Je ne voulais pas croire que cet agrégat de mousse et de poussière te touchait vraiment. Tu ne te soucies jamais de ce que moi, je sens. Je suis là, à côté de toi, tous les jours et jamais tu ne me consoles. Je pense que tu n'as même jamais pris la peine de regarder dans mes yeux pour vérifier si ce que je dis est vrai, quand je te dis que je vais bien. *(Il sort un paquet de cigarettes de sa poche, fume.)* Tu sais, quand on connaît quelqu'un, on n'a qu'à regarder ses yeux pour savoir s'il ment. Eh bien ! j'en avais assez de te mentir sans que tu t'en rendes compte. Je voulais que tu portes attention, que tu m'écoutes un peu.

PETIT. — T'as fini ?

GRAND. — Tais-toi ! Quand je l'ai poussée en bas, j'aurais aimé crier, mais tu dormais, et je voulais être sûr que tu ne te lèves pas pour la sauver. Elle était dans la rue, blessée seulement. Je suis resté à la fenêtre. Un gros camion est passé et l'a complètement écrasée. Puis une voiture, puis une autre et je t'ai réveillé. Tu faisais pitié à voir. Tu pleurais, moi aussi. Ce qui me faisait de la peine, c'était de te voir pleurer. Tu n'avais jamais versé une larme, tu trouvais ça trop con. Puis tes premiers sanglots, tu les donnes à un chat débile incapable de faire la différence entre son cul et sa tête. Ce qui me fait pleurer aujourd'hui, c'est que ça n'ait rien changé. J'ai tué toutes ces pauvres bêtes pour que tu tournes ton attention un peu vers moi, et je l'ai fait pour rien.

PETIT, *silence.* — Qu'est-ce que tu veux ? Que je t'aide à marcher, à t'habiller, que je te mouche ?

GRAND. — Tu sais très bien ce que je veux dire.

PETIT. — Je l'ai ! Tu veux que je te regarde dans les yeux et que je devine quand tu mens, c'est ça ?

GRAND. — Non...

PETIT. — Je sais que tu me mens. Quand on connaît quelqu'un, on n'a même pas besoin de regarder ses yeux pour savoir s'il ment quand il dit qu'il va bien. Mais quand on ne va pas très bien soi-même, on n'a pas toujours l'énergie qu'il faut pour supporter un menteur. On regarde ses pieds, c'est réconfortant. Ça fait mille fois que tu me radotes la même histoire : « Je voudrais que tu m'écoutes un peu ! » Bien, plus je t'écoute, moins je comprends.

GRAND. — Tu veux que je me taise ?

PETIT. — Je n'ai pas dit ça. Seulement, j'ai des choses beaucoup plus importantes à faire avant de mourir que de t'écouter chialer tout le temps.

GRAND. — Et tu prévois mourir bientôt ?

PETIT. — Ta gueule ! ta gueule !

Silence. Le grand remet tous ses bas, sauf la neuvième paire. Il remet aussi ses souliers. Il prend la paire de bas qui traîne. Il met un bas dans sa poche, puis va mettre l'autre dans la poche du petit.

GRAND. — Tiens. Quand tu seras sûr que tu ne veux plus me parler, tu n'auras qu'à me remettre le bas, je comprendrai. Et vice versa. Ce sera plus facile.

PETIT. — Oui.

Silence.

GRAND. — Tu me le donnes ?

Silence.

GRAND. — Tu sais, je n'ai jamais demandé à être avec toi.

PETIT. — Si !

GRAND. — Pas au début. Au début, on t'a imposé à moi. Et pourquoi ? Pour que je t'influence de façon positive ! Pour que tu bénéficies de ma présence. BÉNÉFICIER-DE-MA-PRÉSENCE ! J'avais cinq ans... Ils auraient pu me laisser en paix ! Je n'avais même pas encore une idée de qui je pouvais être que j'étais greffé à toi.

Le petit essaie de tenir en équilibre sur ses mains et tombe. Il essaie de nouveau, tombe encore. Il réessaie une troisième fois, tombe. Il s'approche du mur, lance ses pieds contre celui-ci. Ses vêtements glissent et lui couvrent complètement le visage.

GRAND. — Tu vois comme tu es !

Le petit s'appuie sur la tête et remonte ses vêtements avec ses mains.

PETIT. — Comment ?

GRAND. — Tu... Je suis fatigué ! J'aurais su me débrouiller, tu sais. Ça arrive à des tas de gens de se retrouver orphelin, à tout âge. *(Le petit remet les mains au sol, les vêtements glissent encore.)* Et je n'aurais pas ouvert de boutique, comme tu l'as fait. Il fallait à tout prix qu'on ait une boutique ? *(Le petit remonte une fois de plus ses vêtements avec ses mains. Il redescend les mains, les vêtements glissent de nouveau.)* On aurait pu rester tout petits et continuer à cirer des chaussures, non ? Je veux être tranquille.

PETIT. — Aide-moi !

GRAND. — Qu'est-ce que tu fais ?

PETIT. — Je m'entraîne pour quand je n'aurai plus de pieds.

GRAND. — C'est idiot !

PETIT. — Ça arrive.

GRAND. — Je pourrai te remorquer, si tu veux.

PETIT. — Pas si je deviens assistant. Tu me vois me faire traîner tout le temps ? Allez, viens m'aider.

Le grand saisit le petit par les pieds et l'aide à avancer sur les mains.

GRAND. — Je pourrai te prendre dans mes bras ou te porter sur les épaules.

PETIT. — Et voler mon képi ! Qui fera ton travail si tu es occupé à me porter ?

GRAND. — Ça fait partie des choses importantes à régler avant de mourir, ça ?

PETIT. — Oui. Je me prépare à être le meilleur invalide qui soit. Si je suis bien entraîné, il n'aura pas peur de me prendre. Il saura que je pourrai toujours garder mon emploi, quoi qu'il arrive. Et je ne coûterai pas un sou de plus. Il pourra même obtenir des subventions.

Le grand lâche le petit et se met en équilibre sur les mains. Le petit tombe, se relève, pousse le grand. Le grand tombe, se relève.

PETIT. — Je t'ai dit de m'aider ! Écoute, si tu le veux bien, je vais m'occuper à régler les trucs qui ME paraissent importants, pendant que toi, tu règles les tiens de ton côté, tout seul, sans me déranger et sans pleurer. D'accord ?

GRAND. — D'accord !

Le grand soulève le petit par les pieds.

PETIT. — Qu'est-ce que tu fais ?

GRAND. — Je règle un truc important.

Le grand se met à tourner sur lui-même. Il va de plus en plus vite. Le petit est entraîné par le mouvement. Quand il a atteint sa vitesse maximale, le grand lâche le petit. Celui-ci fait un vol plané. Les cheveux tirent le grand qui vole lui aussi. Ils tombent, se relèvent. Le petit donne un coup de pied au grand. Le grand rend ce coup de pied au petit. Le petit pousse le grand. Le grand pousse le petit. Le petit tape sur le grand. Le grand tape à son tour sur le petit. Le petit sort le bas de sa poche, le donne au grand. Le grand sort le bas de sa poche, le donne au petit. Silence. La porte s'ouvre. Une dame invisible[2] toute habillée de tissus fleuris entre. Long silence. Les deux hommes regardent la dame, se regardent. Le petit remet le bas au grand. Le grand remet le bas au petit.

GRAND. — Qui est-ce ?

PETIT. — Je ne sais pas. Tu crois qu'elle vient pour l'entrevue ?

GRAND, *lève les épaules.* — Elle est moche.

PETIT. — J'avais remarqué... *(Ils rient.)* T'as vu ? Elle ressemble à un croisement entre un fleuriste et un pruneau séché... *(À la dame.)* Excusez-moi ! Bonjour, madame… Oui. Je comprends. Vous êtes de la police ? *(La dame répond.)* Secrétaire ! Ça tombe bien, parce que moi, je suis commode. *(Le grand éclate de rire.)* À ce que je vois, vous n'êtes pas très causeuse !

GRAND, *qui est par terre et qui cherche son souffle.* — Arrête !

PETIT. — Si vous êtes venue pour l'entrevue, faudra attendre. C'est encore à nous. *(La dame répond.)* Ah oui !… Quoi ? *(Il donne un coup de pied au grand, qui se tait.)* Elle travaille pour le patron ! *(À la dame.)* Et quel genre de fiche vous remplissez ? *(Elle répond.)* Ça ressemble à quoi exactement ? *(Elle répond de nouveau. À part, au grand.)* T'as compris ? Elle va étudier nos manières, tâche d'avoir l'air naturel… Lève-toi !

GRAND. — Tu sais, j'ai un air naturel beaucoup plus détendu quand je suis couché.

Le petit marche sur les doigts du grand.

GRAND. — Mais je me disais justement que quelques étirements me feraient du bien. *(Il se lève, fait des étirements.)*

PETIT, *à la dame.* — Alors, on n'a qu'à se comporter normalement ? Vous écrivez tout ? D'accord. *(Il commence à faire lui aussi des étirements. Au grand.)* Et ces enfants qui meurent de faim ?

GRAND. — Quoi ?

PETIT. — N'est-ce pas terrible, tous ces petits êtres qui n'ont pas de nourriture ?

GRAND. — À qui le dis-tu ? Aussi horrible que toutes ces… que ces…

PETIT. — Ces guerres ! Que toutes ces guerres psychologiques et ces guerres de tranchées qui font tant de morts…

GRAND. — Et tant de saleté… Même sur la Lune !

PETIT. — Oui, pourquoi sommes-nous ici, hein ?

GRAND. — Pour…

PETIT. — Pour rencontrer des personnes aussi belles qu'intéressantes.

GRAND. — Quoi ? Merci.

PETIT, *chuchotant.* — Je parlais de la fille.

GRAND. — Qui ?

Le petit pointe la dame.

GRAND. — Non…

PETIT. — Tu le veux ce poste ?

GRAND. — Je ne suis pas sûr que ce soit une bonne idée.

PETIT. — Tais-toi ! *(Il s'approche de la dame.)* Vous savez, votre parfum est si doux qu'il me chatouille le nez et les bronches à mesure que je le respire. *(Il regarde le grand, qui cache sa tête dans ses mains.)* Et lorsque, transporté par mon sang, il arrive à mon cœur, celui-ci fait des cabrioles. Madame, mes yeux embrassent les traits de votre visage et les reçoivent comme des cadeaux précieux. Je déballe chacun de ces cadeaux et j'y découvre, à l'intérieur, une âme si généreuse et si pure qu'une eau de source en serait jalouse.

GRAND. — T'as vu de quoi elle a l'air ?

PETIT. — Attends. Je crois que je vais bientôt l'avoir. *(À la dame.)* Avant de vous rencontrer, mon esprit errait à la recherche d'une beauté différente du reste des humains, une beauté immensément plus riche que celle des corps, de la matière, une beauté qui s'adresse directement au cœur… Pardon ?

Silence. Le petit regarde le grand, s'approche de la dame, signe sa fiche. Le grand signe aussi sa fiche. La dame sort. Le grand va au tabouret. Il s'assoit, rit de bon cœur.

GRAND. — Une beauté différente… Bravo ! Qu'est-ce qu'on va faire maintenant ?

PETIT. — On attend.

GRAND. — Je ne crois plus que ce soit utile.

PETIT. — Je m'en fous de ce que tu crois.

GRAND. — Quelle sorte de fiche on aura ?

PETIT. — Je voulais bien faire.

GRAND. — C'est raté !

PETIT. — Tais-toi !

GRAND. — Non. Toi, tais-toi ! T'avais pas à faire ça. Tâche d'avoir l'air naturel ! Très réussi… Qu'est-ce que tu connais après tout, hein ? Que sais-tu faire dans la vie à part te prendre pour quelqu'un de mieux que toi ? Tu n'es pas si minable que ça, tu sais.

PETIT. — Tu joues à l'analyste ?

GRAND. — Arrête ! Arrête de toujours trouver des réponses à tout.

Arrête de vouloir être quelqu'un d'autre, aussi. Arrête de vouloir ! Fais ça pour moi. Est-ce que c'est possible ? Tu es allé trop loin. Je suis fatigué.

PETIT. — Donne-moi une cigarette.

GRAND. — Depuis quand tu fumes ? *(Il donne une cigarette au petit.)*

PETIT. — C'est nouveau. En venant ici, je t'ai amené voir une maison sur la colline. Elle est comment ?

GRAND. — Faite de briques rouges, à deux étages.

PETIT. — C'est tout ?

GRAND. — Non. Elle a un grand foyer au centre du salon. Au deuxième, il y a un petit balcon de bois en porte-à-faux et une toilette toute blanche, avec un grand bain.

PETIT. — Tu l'aimes ?

GRAND. — Pour sûr !

PETIT. — Je vais te l'acheter.

GRAND. — Tu n'as même pas d'argent.

PETIT. — Le crédit, ça existe.

GRAND. — Et l'appartement ?

PETIT. — On étouffe. Et puis, c'était pas assez bien pour nous. On mérite mieux que ça.

GRAND. — Je n'ai pas besoin d'une maison. Je ne veux pas être bien. Je veux seulement être tranquille.

PETIT. — Tu seras tranquille, je te le promets. J'achèterai des tulipes et on les plantera partout autour de la maison. Ce seront tes tulipes, si tu veux. Il y en aura des jaunes, des rouges, même des noires ! Chaque printemps, elles vont se pointer pour te montrer que tu peux être tranquille. C'est ça, le pouvoir des tulipes. Même si on les tond sans faire exprès, même si la neige les cache et qu'on marche dessus tout l'hiver, elles reviennent toujours au printemps nous faire un grand sourire naïf, comme s'il ne s'était rien passé.

GRAND. — Arrête !

PETIT. — On fera ce qu'il faut et on y arrivera, et tu seras tranquille.

GRAND. — Je veux dormir.

PETIT. — Tu pourras dormir après.

GRAND. — On aura des congés seulement l'hiver…

PETIT. — On dort bien mieux l'hiver.

GRAND. — T'es con !

PETIT. — On est trop près pour reculer. Il faut bouger et courir tout le temps. Allez ! *(Il se met à courir dans tous les sens.)* On va y arriver ! On va y arriver ! C'est moi qui te le dis !

Le grand saisit le petit, s'assoit dessus. Il fouille dans sa poche, sort un paquet de cigarettes. Il voit qu'il est vide, le jette par terre. Une petite enveloppe descend des cintres. Le grand se lève.

GRAND. — Je crois que le patron veut te parler.

Le petit saisit l'enveloppe, en fait la lecture. Un balai et un masque neutre descendent des cintres. Le petit les saisit, met le masque. Son de cloche. Il prend une pose officielle, lit lentement.

PETIT. — Ceci est mon balai. Ce n'est pas seulement un instrument de travail. C'est beaucoup plus que cela. Il est ma seule raison d'être. Je ne suis capable de rien sans lui. Je lui dois respect et fidélité.

GRAND. — C'est écœurant !

PETIT. — Chut ! Je l'appellerai Marcel et ne chercherai jamais à me mettre au-dessus de lui. *(Il pleure.)* Pour aider à cela, je me ferai seulement appeler par mon matricule et ne divulguerai à personne ma véritable identité.

Le grand enlève le balai au petit.

PETIT. — Donne-moi ce balai !

GRAND. — Non. Je ne te laisserai pas continuer.

PETIT. — Donne-moi ce balai !

GRAND. — Est-ce que tu te rends compte de ce que tu es en train de faire ?

PETIT. — Tu n'as aucune idée de ce que c'est, un assistant.

GRAND. — Peut-être, mais j'ai pas envie que tu t'éteignes.

PETIT. — Tu ne veux pas que je devienne comme toi, hein ? *(Silence.)* Qu'est-ce que tu attends de moi ? Pourquoi tu ne t'intéresses pas à autre chose ? Tu ne scrutes pas assez. Il y a des millions de trucs fascinants. Tu pourrais apprendre le nom des insectes. Ça me laisserait en paix un peu. Tu sais, t'es lourd à porter. Tu aspires à quoi dans la vie, hein ? T'es pas possible.

On croirait que tu as atteint ton niveau d'incompétence en venant au monde. C'est vrai ! Je te défie de me nommer une chose que tu désires, une seule, à part jouer au con de roi qui fait clip-clap, une…

GRAND. — J'ai que toi…

PETIT. — Nomme-m'en une.

GRAND. — Planter des tulipes.

PETIT. — Planter des tulipes ! Ben, tu vois, pour planter des tulipes, faut être capable de s'en acheter. Et pour avoir de l'argent, faut travailler. Donne-moi ce balai !

GRAND. — As-tu vraiment envie que je t'appelle par ton matricule ?

PETIT. — S'il te plaît…

GRAND. — Pourquoi pleures-tu ?

PETIT. — Je suis fatigué…

GRAND. — Justement ! Allons-nous-en. Je veux retourner à l'appartement.

PETIT. — Jamais ! Et les tulipes ?

GRAND. — Je m'en fous.

PETIT. — Menteur !

GRAND. — Pourquoi pleures-tu ?

PETIT. — Parce que j'en ai assez de toi.

GRAND. — C'est pas vrai !

PETIT. — Donne ! Écoute, si j'ai envie de pourrir comme des feuilles mortes dans un vieux sac ou de me faire disséquer en laboratoire, ça me regarde moi, et seulement moi. Je ne veux plus t'entendre. Je n'endurerai aucune lamentation de ta part d'ici à ce que l'entrevue soit terminée. Si j'entends une seule jérémiade sortir de ta bouche, je te fais avaler Marcel, vu ? À ce que je sache, tu as consenti à me suivre jusqu'ici, alors ta gueule ! Et je te préviens. Si ça rate à cause de toi, je ne te le pardonnerai jamais. Maintenant, donne-moi ce balai.

Son de cloche. Le balai et le masque remontent. Long silence.

GRAND. — Pardonne-moi…

Le petit va au tabouret, s'assoit.

PETIT. — Donne-moi une cigarette.

GRAND. — J'en ai plus. Je… Je ne sais pas quoi te dire. Pardonne-moi. Tu veux le savoir ? Je ne suis pas sûr qu'on ait bien fait de venir ici. T'es tout sérieux. Ris un peu !

Le grand se place devant le petit et fait son imitation du saumon qui remonte le courant. Le petit ne rit pas. Silence.

GRAND. — Eh bien, si tu veux absolument devenir assistant, je connais un moyen.

Le grand s'approche du petit, lui saisit les jambes.

GRAND. — Ça fait un peu mal, mais c'est bon pour les subventions.

Le grand casse les jambes du petit, qui lance un grand cri. Le grand prend le petit dans ses bras, l'embrasse, le dépose au centre de la scène. Il va chercher le tabouret, s'assoit par terre à côté du petit.

GRAND. — Je te déteste.

Le grand se casse les jambes avec le tabouret. Il crie. Silence. Deux képis descendent des cintres, un petit au-dessus de la tête du petit, un grand au-dessus de la tête du grand. Ils essaient d'atteindre chacun leur képi, n'y arrivent pas.

PETIT. — Aide-moi !

Le grand s'approche du petit. Le petit grimpe sur le grand, tente de saisir le képi, tombe. Le petit essaie de soulever le grand, en est incapable. Les deux hommes vont à l'autre képi. Le petit grimpe sur le grand, tente de saisir le képi, tombe. Le petit essaie de soulever le grand, en est incapable. Le grand tire le tabouret, monte dessus. Le petit grimpe de nouveau sur le grand. Il essaie encore une fois d'atteindre le képi, tombe. Ils retournent au premier képi, recommencent le jeu du tabouret, s'assoient par terre. Silence.

PETIT. — On est bien foutu.

GRAND. — Oui. *(Silence. Il rit.)*

PETIT. — Quoi ?

GRAND. — Rien.

Silence. Le grand sort un caleçon de sa poche, le met sur sa tête. Le petit le regarde, fait pareil. Le grand commence un mouvement de moulin avec les bras.

PETIT. — C'est un jeu stupide.

Noir.

Notes

1. J'ai emprunté ce jeu, en le modifiant, aux clowns de Heiner Müller dans *Concerto brandebourgeois1*. On peut trouver ce texte dans *Germania mort à Berlin*, du même auteur (Paris, Éditions de Minuit, 1985, p. 49).
2. Le principe du personnage invisible a été emprunté aux *Chaises* de Eugène Ionesco. Je demanderais toutefois au metteur en scène de représenter ce personnage sur scène par un quelconque procédé scénique, mais sans qu'il soit joué par une comédienne.

PARUS DANS LA COLLECTION
ACTA FABULA

Théâtre adulte

Jean HERBIET, *Huit promenades sur les plaines d'Abraham*

Louise MATTEAU, *Le Bonheur, c'est pas bon pour la santé*

Chantal CADIEUX, *Amies à vie*

Évelyne DE LA CHENELIÈRE, *Au Bout du Fil*
   (Préface de Jean-Pierre Ronfard)

François-Étienne PARÉ, *Les Maudites Manches courtes*

Théâtre Jeune public

François BOULAY, *Québec Express*

Vital GAGNON, *Amstramgram* suivi de *Le Rêve de Véronique*

LES AUTRES COLLECTIONS ÉLÆIS

MASQUE D'OR

THÉÂTRE ÉTRANGER

En créant la collection Masque d'Or, l'Éditeur a voulu ouvrir une fenêtre sur ce qui se fait (ou s'est fait) de mieux à l'étranger dans le domaine théâtral.

Masque d'Or sera donc *ici* le lieu d'accueil, de traduction, d'adaptation, d'échange… bref, d'expression et de découverte du théâtre d'*ailleurs*, c'est-à-dire des États-Unis, d'Amérique latine, d'Europe, d'Afrique, d'Asie et d'Australie.

Parus

Royds FUENTES-IMBERT, *L'Oratorio des Visions*

Michel PHILIP, *George et Frédéric ou les Flammes mortes*

Eric-Henri B. TANDUNDU, *L'Affrontement des Afriques*

PRESQUE SONGE

CONTES ET NOUVELLES DU QUÉBEC ET DU CANADA

Cette collection se veut avant tout le lieu ludique d'une fantaisie gratuite, débridée, pure féerie et fête des mots. Elle ambitionne d'ouvrir grand les portes de l'univers onirique, merveilleux, fantastique… ou surréaliste.

Elle n'invite pas seulement le lecteur au voyage, à la vision du pur possible : elle s'offre à lui comme une véritable auberge espagnole du Rêve où tout est permis, parce que « chacun a le droit de rêver ».

Cette efflorescence sera le pari sublime de nos auteurs plongés dans la vision de l'imaginaire. De la verve fabulatrice et de la puissance incantatoire de ces médiateurs dépendra en effet la réussite de cette retraite privilégiée du lecteur dans l'au-delà du Songe. Songe ? enfin presque. Presque songe.

Parus

Jean HERBIET, *Le Vieil Arbre et l'Alouette* suivi de *Émile, l'homme qui n'aimait*

Jean HERBIET, *Ti-Jean-Jean et le Soleil*

FLAMMEROLE

ROMANS

Flammerole est une collection ouverte à toutes les tendances, les tentatives et les tentations du roman littéraire moderne. Il importe donc peu, par exemple, que tel romancier puisse affirmer la toute-puissance de son individualité particulière, au besoin en « bousculant les conventions objectives de la fiction », et qu'au contraire tel autre puisse « décréter la mort de l'écrivain, et peut-être de l'écriture ».

La qualité de la plume, l'intérêt du sujet, le pouvoir d'évocation et la force narrative constitueront seuls les critères de choix.

Ici ou là, il plaira sans doute au lecteur d'entendre un chant et des notes du pays et d'y reconnaître plus ou moins des réalités et des problèmes vécus individuellement ou collectivement par les siens de la société d'*ici* ou... d'*ailleurs* dans la cité universelle. Faute de cette « contemporanéité », l'œuvre le laissera peut-être indifférent.

ANTHROPOLIS

SCIENCES HUMAINES ET SOCIALES

Étant donné la diversité et la complexité particulière des domaines spécialisés ordinairement regroupés sous l'appellation de « sciences humaines et sociales », la mission générale propre à l'ensemble de nos ouvrages de politique, de sociologie, de psychologie, d'histoire, d'anthropologie, etc., sera présentée à la page 4 des premiers volumes qui paraîtront et qui seront réunis en sous-collections portant simplement les noms suivants :

Anthropolis/Politique, Anthropolis/Sociologie, Anthropolis/ Psychologie, Anthropolis/Histoire, Anthropolis/ Anthropologie, etc.

QUESTIONS D'ACTUALITÉ

Société, politique, culture, économie

La collection Questions d'actualité a été conçue pour recevoir les livres traitant des problèmes sociaux, politiques, culturels, économiques, etc., qui préoccupent *hic et nunc* les citoyens, secouent parfois dramatiquement la société et provoquent des débats ou des controverses passionnées.

Sa mission est de comprendre et d'expliquer de façon plus objective et plus approfondie que les médias aussi bien les attentes sociétales que les positions ou les arguments des protagonistes habituels des grandes questions d'intérêt public : les politiciens, les intellectuels, les gouvernements, les entreprises, les syndicats, les écoles et les universités, les confessions, les ordres religieux, les communautés culturelles, les minorités, les associations et groupes de pression divers.

LANGUES ET VOIX DU MONDE

Linguistique

dirigée par Justin Banza Bwanga Ph.D.

Cette collection accueille aussi bien les livres de référence (dictionnaires, grammaires, manuels d'apprentissage, etc.) que les essais théoriques sur les langues et le langage.

En collaboration étroite avec des linguistes engagés, elle fait une place à part aux grandes et aux petites langues du Tiers-Monde.

La mission ainsi définie procède bien entendu d'une stratégie de défense, de préservation et de promotion à tout prix des langues du Sud.

MAIEUTICA
Sciences de l'éducation

Instance de dialogue et d'échange entre éducateurs et étudiants, tout autant qu'entre éducateurs eux-mêmes, la collection Maieutica a pour vocation d'être à la fois le site d'accueil d'essais et de manuels divers (de niveaux secondaire, collégial et universitaire) sur l'éducation telle qu'elle se conçoit, s'enseigne, se vit et se pratique au Québec, et le lieu d'information sur l'état, les débats et les problématiques d'une science fondamentale pour la société et toujours en mutation.

HERMÈS
Information et communication/Médias et société

La collection Hermès n'est pas que le médium des réalités de l'information et de la communication de nos sociétés désormais inéluctablement confrontées aux mutations profondes engendrées par la révolution informatique ; elle fait aussi le point sur les nouvelles technologies de l'information et de la communication elles-mêmes.

PROTAGORAS
Philosophie/essais

Destinée notamment aux réflexions suscitées par les grands problèmes philosophiques, sociaux, politiques, scientifiques, éthiques, bioéthiques, biotechniques, environnementaux, etc., de nos sociétés modernes, la collection Protagoras se définit avant tout comme un agora ou lieu des débats d'actualité.

PETIT MÉNON
Philosophie/manuels

La collection Petit Ménon est réservée aux manuels de philosophie de niveaux collégial et universitaire.